淡海《おうみ》文庫 74

サンライズ出版

野田浩子
井上幸治 著

明治の旧彦根藩士たち

―近代化に尽力した人物史―

はじめに

彦根藩は戊辰戦争で「官軍」だった。しかし、明治時代の社会で、果たして、彦根は勝者らしい扱いを受けていたであろうか。

本書では、彦根藩がどのようにして明治維新を乗り越え、近代化していく社会に彦根出身者がどのように関わったのかを考えてみたい。

明治時代の彦根藩

「藩」といえば、江戸時代のもの、つまり徳川将軍から与えられた領地を治める大名の組織を思い浮かべる。もちろんそれがほとんどの時期を占めるが、幕府が大政を朝廷に奉還し、明治新政府の時代となっても、数年間ではあるが藩は存在していた。

慶応三年（一八六七）十月十四日、将軍徳川慶喜が大政奉還を申し出た後、十二月九日の王政復古クーデターによって新政府が樹立され、幕府の廃止が宣言された。翌年正月からの戊辰戦争で新政府軍が勝利を収めると、新政府は天皇を中心とする中央集権体制を樹立しようと改革を進めていく。

戊辰戦争では藩を単位として兵を出しており、藩の組織は存続していたが、まもなく新政府は江戸時代の統治組織を崩していく。まず、明治元年十月に地方行政組織としての「藩」と大名家の家政を分離させ、各藩の役職を、それまでの家老・中老といったものから、執政・参政・公儀人へと統一させた。ついで、明治二年の版籍奉還では大名が土地と人民を天皇に返上することになった。これにより、大名は領主ではなくなったが、政府から知藩事に任命され、藩との関係を残した。しかし、明治四年七月十四日、政府は廃藩置県の詔《みことのり》を発して藩を廃止し県を置いた。

彦根藩もこのコースをたどる。藩主井伊直憲《なおのり》は明治二年六月に「彦根藩知事」となるが、四年七月の廃藩によって彦根藩という組織はなくなり、直憲も藩知事を免じられて、東京に居を移すことになった。藩の職制も政府の指示に基づき、何度も改変した。

明治期の彦根藩で藩政をリードしたのは、谷鉄臣《たにてっしん》・西村捨三ら、彦根藩が新政府方につき、その一員として積極的に活動するのを推進した人物である。江戸時代には家老など藩上層部に就く者は家格により固定していたが、社会が変革する時代には世襲を打ち破り、能力ある者が台頭し、藩政の主導権を握ったのであった。

彼らが台頭するきっかけとなったのは、桜田門外の変や文久二年の政変といえるだろう。彦根藩の存続が危ぶまれる危機的状況にあって、藩の継承と井伊家の名誉回復のためにはなにをなすべきかを考え、行動した者がその後の藩政を動かすことになったのである。

現代へと続く時代

明治初期の社会では、「文明開化」のスローガンのもと、あらゆる分野で欧米の制度や文物を取り入れて近代化しようとした。法治国家という体制、学校教育、鉄道や郵便といった社会基盤の整備など、現代に続く多くのものがこのとき日本にもたらされた。

近代化といえば、二〇二四年からの新紙幣の顔となる渋沢栄一・津田梅子・北里柴三郎は実業・教育・医療の面での近代化の代表人物ということができる。彼らは欧米に渡って西洋文明を身につけ、それを持ち帰って日本に根付かせた。彦根からも、特定分野で近代化に尽力した人物を輩出した。

彼らには、一つの分野のみに専念するのではなく、多方面に関わっているという共通点がある。特に、どの人物にも見られるのが教育への関与である。彦根では中学校・女学校・幼稚園などが滋賀県内でも早い段階で創設されたほか、専修大学・中央大学の前身となる学校も彦根藩出身者が中核になって設立されており、教育に力を尽くした人物が多い。

廃藩置県後、旧藩主井伊直憲は彦根を去るにあたり、藩士らに向けて人材を養成して国家へ貢献するようにという要望を言い残した。明治期の彦根藩では、時代に応じた藩校の整備にも着手しており、教育を重視する意識が高かった気風が、明治時代に教育に熱心なリーダーを輩出した背景にあるのではないだろうか。

本書の構成とねらい

本書では、人物史のスタイルで、幕末から明治期の彦根とその出身者の活躍を描いていく。取り上げた人物は、彦根藩士やその子弟、御用商人の子弟と、立場はさまざまであるが、明治期の彦根藩に属していたという共通点をもつ。まず、藩政を転換して彦根藩を「官軍」へと導いたリーダーを取り上げた。彼らは維新期だけでなく、新時代の社会を築く上でも中心的な役割を果たしているため、その功績についても注目した。後半には、比較的若手で、明治になってから活躍しはじめ、各種の近代化に尽力した人物をまとめた。ほかにもこの時代には多くの彦根出身者が活躍しているが、本書ではこのように限定したことをお断りしておく。

明治維新から一五〇年を過ぎた今、彼らが遺したものは社会の中に溶け込み、意識的に探さないと気がつかないものも多い。しかし、現代につながるインフラ（社会基盤）の数々は彼らによって整備されている。そのような先人の働きを知り、その思いを感じ取っていただければ幸いである。

※名前は原則として明治以降に称した名に統一して表記している。年齢は数え年をもちいた。

目次

はじめに

彦根城周辺 ゆかりの地 MAP

本書で紹介した人物が暮らした地や顕彰碑の位置などを Map にしました

① 岡本黄石の生家（宇津木家）跡　p.13
② 岡本黄石屋敷跡　p.13
石碑は道の向かい側に建つ
③ 武節貫治屋敷跡　p.43
④ 武節貫治の生家（新野家）跡　p.43
⑤ 鈴木貫一屋敷跡　p.40
長屋門は彦根市指定文化財
⑥ 谷鉄臣の生家跡　p.28
石碑あり
⑦ 西村捨三の生家跡　p.68
⑧ 増島六一郎の生家跡　p.119
⑨ 外村省吾の生家（並江家）跡　p.56
⑩ 中島宗達屋敷跡　p.155
⑪ 弘世助三郎の生家（川添家）周辺　p.139
⑫ 彦根初の幼稚園跡　p.169
⑬ 彦根学校跡　p.63
⑭ 集義社跡　p.64、161 等
⑮ 彦根基督教会（彦根教会）p.165
⑯ 勧商場（当初の女学校校舎）跡　p.54
⑰ 山の湯　p.163
⑱ （株）第百卅三銀行本店
（滋賀銀行旧彦根支店）　p.147
⑲ 弘道館の講堂（金亀会館）p.60、65 等
彦根市指定文化財
⑳ 私立淡海女学校跡　p.54
㉑ 私立彦根訓盲院跡　p.170
石碑あり
㉒ 弘世助三郎別荘（佐々木家住宅）p.154
彦根市指定文化財　内部非公開
㉓ 戊辰従征戦死者碑　p.49
㉔「辛苦是経営」碑　p.87
㉕ 外村半雲先生碑　p.67
㉖ 井伊直憲公顕彰碑　p.116
㉗ 松原下屋敷（お浜御殿）p.118
㉘ 藩校弘道館跡　p.60、65 等
㉙ 洋学校跡　p.41

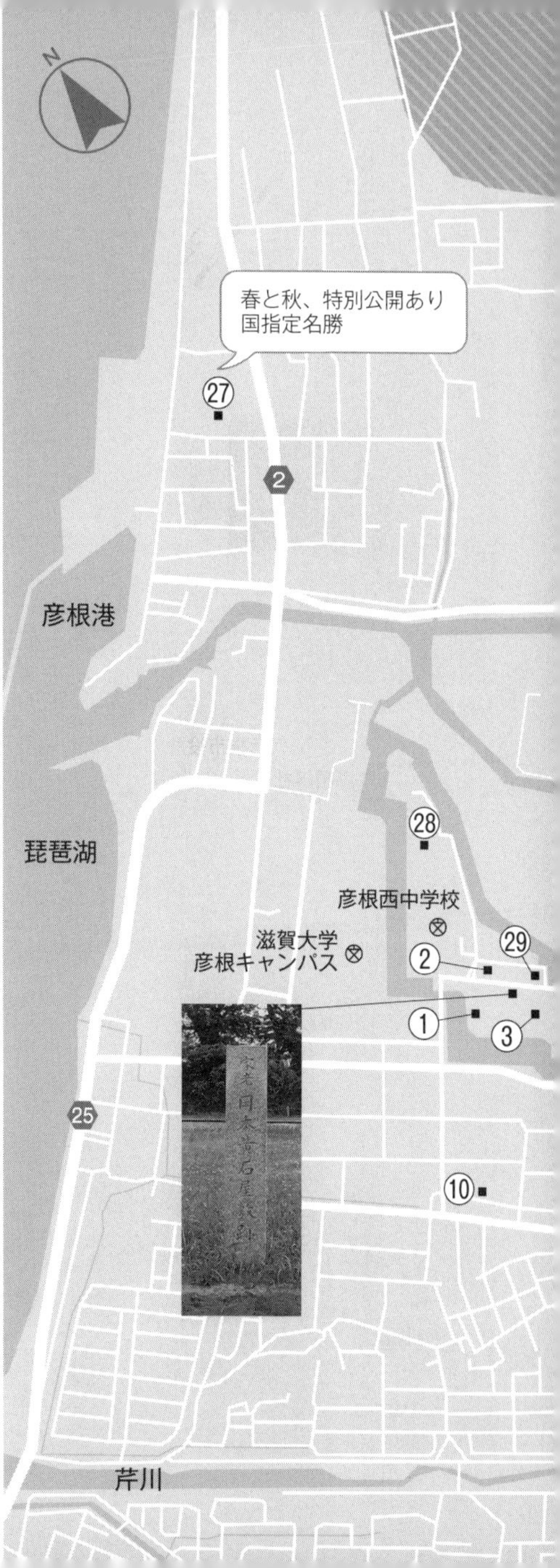

井伊直政火葬の地(長松院内)に建つ
「井伊直政公火化委骼之処」碑
西村捨三筆
明治34年、井伊直政300回忌に建立した

山の湯
銭湯の営業は終え、古書とレコードの店に生まれ変わった

(株)百卅三銀行本店
大正14年に建築、滋賀銀行彦根支店として2021年まで営業していた

弘道館の講堂(金亀会館)
明治以降、浄土真宗本願寺派の学校(龍谷大学付属平安中学校・高校の前身)に用いられ、大正12年に現在地へ移築された

1

岡本黄石《おかもとこうせき》

幕末の危機を乗り越えるも、漢詩人として生きた家老

文化八年―明治三十一年（一八一一―一八九八）

（彦根市立図書館提供）

岡本黄石は幕末彦根藩を主導した家老である。桜田門外の変により主君を失った混乱の中、黄石が幕府と交渉して井伊直弼《なおすけ》の嫡男である直憲への家督相続が認められた。また、朝廷や雄藩が急速に力を持つようになり、藩の政治的方向性を打ち出す必要に迫られる中でも藩政を主導して、幕末の動乱を乗り切ることができた。

しかし、明治以降の彦根では、黄石の評判は芳しくない。それは、井伊直弼の腹心であった長野義言《ながのよしとき》と宇津木景福《うつぎかげよし》の命を奪う決断をしたのが彼であることが大きいだろう。一方で、桜田事変後、対処を間違えば井伊家は取り潰しとなりかねない危機的状況であったが、それを乗り越えられたのは黄石の功績といえる。その点は高く評価するべきであろう。

その役回りは最後の将軍徳川慶喜《よしのぶ》と似ているのではないだろうか。二人とも、思いがけなく変革期の政治指導者に担ぎ出されて尽力したが、新時代の政権構想の違いから新政府とは距離を置き、明治以後は隠棲して趣味の世界に没頭している。

平田村にあった宇津木家（岡本黄石の生家）の下屋敷・濠梁園の図（個人蔵）

生い立ち　黄石は文化八年（一八一一）、彦根藩士宇津木久純の四男として生まれた（早世した者はかぞえない）。宇津木家は家老に就くことができる重臣の階層である「笹《ささ》の間詰《まづめ》」の家柄であり、父や兄は中老を務めている。黄石が生まれた時、すでに長兄が家督を継いでおり、父は隠居して文人として余生を過ごしていた。幼少期の黄石は父から詩文を学んだという。

文政五年（一八二二）、十二歳で岡本半介家十一代業常の養子となり、まもなく同家十二代を継承した。諱は宣迪《のぶみち》。岡本家も宇津木家と同様、笹の間詰の家柄である。半介家は初代宣就《のぶなり》以来、軍学師範を務める家柄であり、井伊家が将軍家跡継ぎの元服時に献上する武具一式を調えるのは岡本家の役割であった。黄石はそのような岡本家当主に求められる教育を受け、藩内での務めに従事した。

彦根藩随一の文人　江戸時代、武家の学んだ学問といえば儒学であった。中国の古典を学んで幅広い知識をもち、その教養をもとにみずから詩文を詠んだ教養人を文人と称したが、黄石は当代きっての文人らと交わって高い教養を身につけていった。

二十歳の時、終生の師と仰ぐ人物との出会いがあった。梁川星巌《やながわせいがん》である。美濃に生まれ、各地を放浪する漢詩人として著名であった梁川は、天保元年（一八三〇）から二年あまり彦根に滞在している。彦根では黄石の叔父にあたる家老小野田小一郎の下屋敷で過ごしており、黄石は親しく交わり、その門弟となった。

天保七年から七年あまり、黄石は中老役として江戸で過ごした。その勤めは閑であったため、江戸で学問の研鑽に励んだという。幕府の儒者安積艮斎《あさかごんさい》に易経《えききょう》を学び、書は当時最も著名な書家の一人であった巻菱湖《まきりょうこ》に学んだ。また、当時梁川星巌は江戸に滞在して神田に玉池吟社《ぎょくちぎんしゃ》という詩社を結成しており、江戸詩壇の中心的な存在となっていた。黄石はそこにも出入りして、江戸の漢詩人らと交わった。黄石の文人としての交友や教養水準は全国レベルに達しており、文人たちの間では知られた存在であった。

江戸滞在中の天保八年、黄石にとって生涯忘れることのできない事件が起こる。実兄宇津木静区《せいく》の殺害事件である。静区は幼少期に越前の寺院の養子となっていたが、そこを離れて学問を志し、大坂の陽明学者大塩平八郎《おおしおへいはちろう》の門下に入った。同年二月、大塩は飢饉で苦しむ民衆を救おうとして挙兵する（大塩平八郎の乱）が、直前にその計画を静区に打ち明けたところ、静区は「日頃の言動に似合わぬ軽挙である」とそれに反対の意を唱えたため、挙兵の朝、大塩の意をうけた門弟数名に襲われて非業の死を遂げたのであった。

攘夷論への傾倒　梁川星巌は弘化二年（一八四五）に江戸の玉池吟社を閉じ、翌年、京都に居を移した。梁川は江戸滞在中から尊王攘夷《そんのうじょうい》論を説く水戸藩士藤田東湖《ふじたとうこ》らと交わって、政治への関心を高めていた。ペリーが来航して対外的な危機状況が迫ると、諸大名や教養人らが国の行く末を論じるようになり、開国方針をはじめ幕府の政治姿勢を批判的な意見を発する者があらわれる。梁川は京都で頼三樹三郎《らいみきさぶろう》・梅田雲浜《うめだうんぴん》ら勤王の志士と交わり、この尊王攘夷運動の中心的存在として活動するようになる。

彦根に戻った黄石は、京都にいる梁川と行き来が容易になると、師が説く尊王攘夷思想に傾倒していった。安政四年（一八五七）八月、藩主直弼が参勤のため江戸へ出発する直前、家老となっていた黄石は直弼が幕府の大老《たいろう》に就任するという噂を耳にしており、側役《そばやく》の宇津木景福に対して大老就任を断るべきという意見を述べている。内訌外患の難局にあたり大役を受けると井伊家の安危に関わりかねないというのがその理由であった。さらに、安政五年三月、老中堀田正睦《ほったまさよし》が孝明天皇から条約勅許を得ることに失敗した時点でも、外国との通商は取りやめにして、水戸と手を結ぶよう直弼に提言している。

しかし、これらの意見は直弼の考えとは相入れないものであった。直弼は幕政に責任ある譜代大名筆頭の立場として、幕藩体制を維持することが井伊家の役割と認識しており、幕府政治を批判して改革を主張する論は、直弼の目には現実の政治状況を知らない空論に映った。みずからの重臣に尊王攘夷を唱える者がいることは好ましくないため、直弼は黄石を星巌から引き離そうと考えて江戸詰めを命じた。黄石は江戸で、いわば〝干された〟状態となっていた。

桜田事変への対処　安政七年二月になり、黄石は江戸詰めの任を解かれ、国元へ帰るようにという人事異動が発令された。黄石は帰国後には隠居しようと心に決めており、この先江戸へ出てくることはないだろうと思い、時間をかけて各所へ見物に廻るなどして、三月六日に出立する準備を進めていた。

三月三日の朝、主君直弼が江戸城へ出立したのを確認し、退出しようとしたところ、にわかに騒然となり、直弼が無言の帰宅をしたことを聞き驚愕する。当時、江戸屋敷にいた家老は黄石ただ一人であり、すぐにその対処のため奔走することとなった。翌四日には、黄石は幕府との交渉経験が豊富な相馬《そうま》隼人《はやと》（相馬永胤《ながたね》の祖父）を連れて老中松平紀伊守の屋敷へ行き、暴徒を引き渡すよう願書を差し出している。

事変を聞いた彦根の家臣たちは主君の仇討ちをしようと、意気盛んに江戸へ集まってきていた。江戸屋敷に入りきれず、仮小屋を設置したほどである。一方、幕府は彦根藩に対して、藩士が暴発することのないよう厳命を下していた。江戸市中で彦根藩と水戸藩が武力衝突することは何としても回避しなければならない。幕府は彦根藩に「家来末々にいたるまで、忍び難きを忍び、動揺しないよう」にと厳命した（『新修彦根市史』八巻二一二号）。

そこで黄石はいくつかの策をとった。まず、藩邸を抜け出して復讐を果たそうとする者が出ないようにと、あえて彼らを三隊の部隊に編成して、血気にはやる彼らの心を落ち着かせた。その上で、井伊家の存続つまり直弼の跡継ぎである直憲への家督相続を何よりも重視すべきと説得した。

また、将軍の意向が彦根藩へ伝えられた。三月七日、将軍徳川家茂《いえもち》からの使者が井伊家屋敷にやってきて、将軍は直弼を失ってこの先どうすればよいのかと心配している様子や、直弼家臣の心中を察しているという思いが伝えられた。暴発しなければ幕府は井伊家を悪いようにはしないというこのメッセージは彦根にいる家臣にまで伝達されており、黄石の説得を後押しすることになった。

このときの黄石の手腕を、勝海舟は明治時代に回想して次のように述べている。

何でもあの時(桜田事変)井伊の家中で、血気にはやる連中は、直ぐに水戸の屋敷へ暴れ込むといって大騒ぎしたのを、黄石は、いろいろに宥《なだ》めて、幕府へはただ、自分の主人が、登城の途中、暴漢の為に傷けられたことを届け出て、事を穏便に済ませたが、もし、その時黄石が、思慮のない男で、一時の感情から壮士どもの尻推でもしたものなら、それこそ大変で、幕府も屹度《きっと》これが為に倒れるし、已《すで》に幕府が倒れれば、当時の形勢、必ず日本全国の安危に関るのであった。それを、まずあの通り穏かに済ませたのだから、若い人たちが何といって誹《そし》ろうが、兎《と》に角《かく》えらい。凡《およ》そ、あんな場合に、一時の感情に制せられず、冷かな頭を以て国家の利害を考え、群議を排して自分の信ずる所を行うというには、必ず胸中に余裕がなくては出来ないものだ。

（『続々氷川清話』一部現代仮名遣いに変更した）

勝海舟（国立国会図書館蔵）

幕末彦根藩政の路線変更　文久二年（一八六二）七月、幕府はそれまで二〇〇年以上続けてきた幕政の基本原則を変革させた。薩摩の島津《しまづ》久光《ひさみつ》が兵を率いて上洛し、勅使《ちょくし》大原重徳《おおはらしげとみ》を擁して江戸へ下って朝廷の権威を背景に幕政改革を求めた「文久の改革」として知られる。軍事力を背景としたクーデターといえる。その結果、一橋慶喜を将軍後見職に、松平春嶽を大老格の政事総裁職と、従来政務に関わらなかった外様大名や親藩が政権の中枢に入ることになり、将軍の家臣（譜代大名や旗本）が政務を執るというそれまでの体制が変質してしまった。これは、将軍家定の跡継ぎ問題で直弼と対立していた「一橋派《ひとつばしは》」が幕政を掌握したことを意味し、彼らにより直弼の政治は否定されることになった。

彦根藩はまたも存亡の危機を迎えた。幕府＝一橋派が彦根藩を敵と認定し、直弼の政務を支えた者の処罰を求めることが予想されたからである。さらに、京都では長州藩を盟主とする尊王攘夷派が席巻し、直弼派であった公家九条家の家司島田左近が七月に尊攘派志士に襲撃されて命を落とすと、島田とともに直弼政治を推進していた長野義言も、いつ標的とされてもおかしくない状況となっていた。

この状況に危機感を抱いた彦根藩士の中に、行動を起こした者がいた。それは岡本黄石の門弟集団である。

八月二十四日、谷鉄臣（↓28頁）・外村省吾《とのむらしょうご》（↓56頁）らを中心として足軽ら五十余人が建白書を持参して黄石の屋敷に押し寄せ、長野義言の排斥を求めた。黄石は彼らに押されて登城し、藩主井伊直憲に面会して、彼らの建白書を示して危急切迫の状況を説明し、即時決断するべきと言上したところ、一切を委任するとの発言を引き出した。そこで、家老木俣清左衛門・庵原助右衛門に謹慎を命じて藩政を刷新し、長野には揚屋（牢獄）入りののち斬首に処したという（「維新関係書類綴」西川吉輔文書、滋賀大学経済学部附属史料館保管）。

このように、彦根藩もクーデターにより岡本黄石が藩の指導者となった。彼を支えたのはその門弟らで、この後黄石のもとで「至誠組《しせいぐみ》」と呼ばれて活動する。その中核は町医師の谷、足軽の外村・北川徳之丞《きたかわとくのじょう》、砲術家の河上吉太郎である。外村らは以前から政治批判の発言をしていることが確認でき、彼らのグループでは日常的に政治議論が交わされていたのであろう。彼らは直弼の大老政治とは距離を置いていたため、彦根藩の置かれた立場を客観視することができ、彦根藩の存続のためにこのような行動を起こしたとみることができる。

　幕府の変容を受けてみずから直弼側近らを処罰した彦根藩であったが、このような藩内の対処だけでは事態は収まらなかった。幕府は彦根藩に対して、藩領の三分の一にあたる十万石を取り上げた上、直弼の時代から務めてきた京都守護の御用を召し上げるという厳しい処罰を下した。

　この状況に対して、黄石は至誠組の面々を介して朝廷や他藩関係者、志士らと積極的に交わり、情報収集した。当時、他藩も同様の動きを見せていたからである。安政五年の条約調印問題をきっかけに、尊王攘夷をスローガンに掲げる外様諸藩の中下級藩士や志士らが京都や江戸を舞台に活躍し、互いに情報交換して勢力を広げ、藩主や公家らにも働きかけを進めていた。長州の松下《しょうか》村塾《そんじゅく》生や武市瑞山《たけちずいざん》率いる土佐勤王党が知られる。彼らは彦根藩の動向を注視していた。尊王攘夷論とは直弼が進めてきた開国や公武合体策を否定する考えであり、彼らは彦根藩が尊王攘夷派を攻撃するのではないかという噂を耳にしていた。そこで、長州藩から伊藤博文らが情勢を探るため彦根にやってきたため、渋谷ら至誠組が対面したところ、彼らは彦根藩が同志となったと確信を得て帰っていったという。

　文久三年正月、藩主井伊直憲は家臣一同を集め、新たな施策方針を示した。召し上げられた領地と京都守護の回復、直弼の名誉回復を取り組むべき課題として掲げ、それを実現するためには朝廷・幕府の意向を尊重し、尊王攘夷の方針に従うことを表明した。彦根藩の存続のためには尊王攘夷という時流に乗ると宣言したものであり、その藩政運営は黄石や至誠組が担うことを示すものでもあった。

あいつぐ軍事動員　そのころ、政治の中心は京都へ移っていた。文久三年三月に予定された将軍家茂の上洛を前に、後見職一橋慶喜・政事総裁職松平春嶽をはじめ幕府首脳部は上洛しており、長州・土佐ら外様雄藩も当主が上洛して参内している。黄石も上洛して松平春嶽や公家に対面して、彦根藩への処罰が許されるよう交渉している。春嶽から横浜の海岸警備を打診されたときには、それと引き換えに藩主直憲への謹慎を解くといわれたので、黄石は独断で出兵を承諾したという。

その後も幕府の命じるまま、彦根藩は兵を出している。

文久三年（一八六三）　大坂湾の海岸警備、大和天誅組《てんちゅうぐみ》の乱

元治元年（一八六四）　禁門《きんもん》の変《へん》、水戸天狗党《てんぐとう》の乱

慶応元年（一八六五）　第二次長州戦争

黄石は幕府や他勢力との交渉を引き受けていたのであろう。交渉によりトラブルを回避したエピソードも伝わる。

禁門の変では、禁裏周辺の警備の任に就いていた彦根藩兵が石薬師門《いしやくしもん》を守衛していたところ、関白二条斉敬《なりゆき》が門を通ったときに、小銃が倒れて弾丸が暴発してしまった。関白側がこれを故意

であると問題視したため、黄石は二条家へ出向いて過失であると弁解して事を収めたという。
水戸天狗党の乱の際には、一橋慶喜が追討のため大津まで出陣し、ついで彦根城へ入る意向を示した。それを聞いた藩士は、主君直弼の宿敵である慶喜が来れば焼き殺すと殺気立ったため、黄石は慶喜の陣へ向かい、湖西ルートを進軍することを提案した。慶喜の面前で地理を説明したところ、海津《かいづ》へ向かうことになったという。

新政府支持への転換　文久から慶応のころには黄石が彦根藩を代表して幕府・朝廷と交渉してきた経緯をふまえて、慶応三年（一八六七）十二月の王政復古クーデター後の彦根藩と黄石の動向を見ていきたい。

十二月九日の王政復古宣言の直後の段階では、彦根藩内は幕府方・朝廷方のどちらにつくかで意見が対立していた。新政府への支持を表明したのは十二月二十日前後のことと考えられている。谷鉄臣が朝廷方につくよう強く主張し、家老新野左馬助らも賛同したことで、藩主直憲が決断したという。一方で黄石は十二月十八日に大坂へ向かい、慶喜が入っている大坂城で老中板倉勝静《いたくらかつきよ》に対面して開戦を避けようと議論していた。慶喜は大政奉還しても、徳川家が中心となって諸大名ら従来の支配者層が引き続き政権を担う構想を描いており、黄石もその路線をめざしていた。しかし、倒幕派は慶喜を排除する新政府を構想する。この段階で黄石と谷鉄臣の意見が分かれ、結局彦根藩は後者を選ぶことになった。慶喜に味方する道ではなく、文久三年の施策で掲げた直弼の名誉回復のために「勤王」を選択したということである。

年明け早々に鳥羽・伏見の戦いが始まると、一月六日、慶喜が大坂を離れて江戸へ戻ってしまった。そのため、黄石も大坂城を出て井伊家本隊に合流し、桑名出兵に同行した後、彦根に戻った。井伊家の家格を築いた二代当主直孝はその遺訓で、将軍への奉公が何よりも大切であると説いていた。彦根藩はこれまでこの遺訓を受け継ぎ、将軍を守る役割を果たしてきた。ところが、新政府を支持するという判断はこれに背くことを意味する。黄石は代々守り伝えてきた国是に背かなければならないことを悲しんだ。

彦根に戻った黄石は藩から「貢士《こうし》」を命じられた。貢士とは、新政府が諸藩から一〜三名ずつ出させて、彼らに政策を諮問させようとした制度である。しかし他藩より、黄石は一橋家の家臣と懇意であったなど、幕末の行動を取り上げてその選任に批判が出たため、黄石はこれを辞退して日下部東作《くさかべとうさく》（鳴鶴）に交代し、政治の世界から離れた。以後、彦根郊外の岡本家下屋敷に隠棲し、漢詩を詠み各地を巡る日々を過ごした。

漢詩人として生きる　黄石は明治四年（一八七一）には彦根を離れ、京都東山の華頂山中に新居を購入して移り住む。ここを華頂山房と名付け、華頂吟社という漢詩結社を開いた。明治十三年に東京へ転居するまでの約十年、ここを拠点として門人の育成にあたった。東京麹町平河町（千代田区）に移り住むと、結社の名を麹坊吟社と改めている。ただ、この拠点にとどまることなく、各地を巡って漢詩を詠み、文人生活を楽しんだ。
この心境を詠んだ漢詩を示しておこう。

七言絶句「韓靳王西湖策蹇図」
家国存亡固是天
英雄眼大見機先
功名一擲驢鞍上
結得湖山水月縁

（書き下し文）
家国の存亡　固《もと》より是れ天
英雄　眼大にして機先を見る
功名一たび擲《なげう》つ　驢鞍《ろあん》の上
結び得たり　湖山　水月の縁

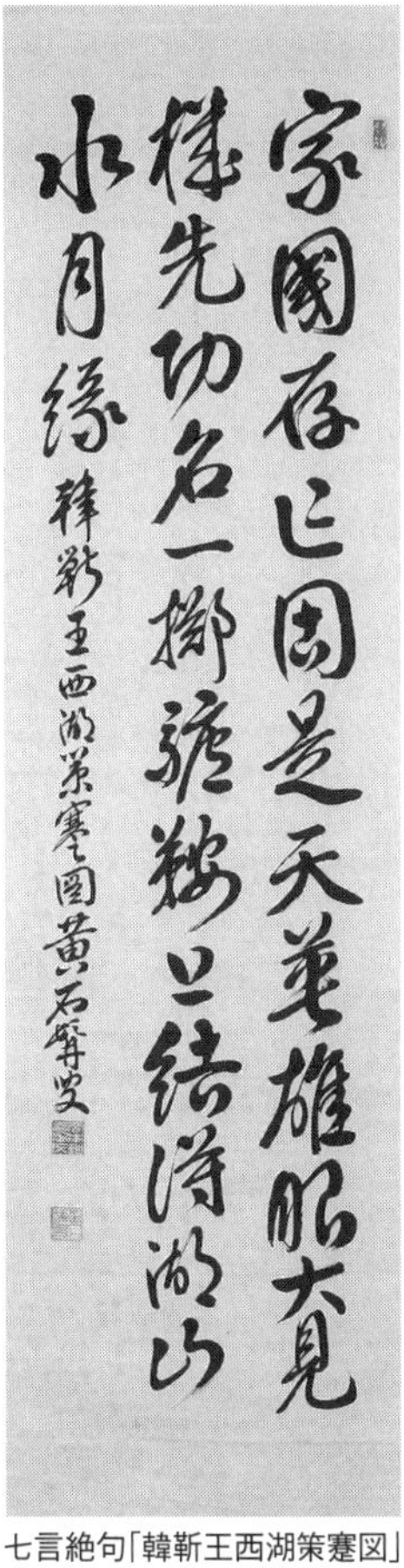
七言絶句「韓靳王西湖策蹇図」
（世田谷区立郷土資料館所蔵）

（意訳）

国家の存亡は天命に任すほかにない。英雄の目は大きく先を見通す。しかし、そんな彼も今は過去の栄光をかなぐり捨て、驢馬の背に跨り出掛けては月花山水を友としている。

（『漢詩人岡本黄石の生涯　第三章』より）

ここでいう英雄とは、南宋の武将韓世忠のことである。高宗のもとで将軍となって活躍したが、讒言によってその立場を追われると、それ以降、門を閉ざして兵を語らず、自然に親しんで暮らしたという。黄石は韓世忠と同じ境遇にあるとして、みずからを重ね合わせて詠んだ一句である。

漢詩集の刊行　明治二年に大和月瀬へ行き詠んだ詩を収める『香雲集』が初めて刊行した詩集であり、その後、明治十四年から詩集『黄石斎集』を刊行している。彦根藩時代の作品を集めた第一集から、時代ごとに編纂し、明治二十三年の八十歳の「八十自寿」の詩を載せる六集下巻を明治二十四年に刊行するまで、十年にわたって全十五冊十九巻もの大著の出版が続けられた。そこには交際した知人・門弟らから序文・跋文や挿絵、題字などが贈られている。

その中から著名人を挙げると、

三条実美（維新の元勲、総理大臣）、川田甕江（漢学者、貴族院議員）、中村正直（啓蒙思想家、『西国立志編』著者）、三島中洲（漢学者、二松学舎創立者）、谷鉄臣、江馬天江（漢詩人）、小野湖山（漢詩人、梁川星巌の高弟）、楊守敬（中国の書家）、日下部鳴鶴（書家、彦根藩士）、巌谷一六（書家、

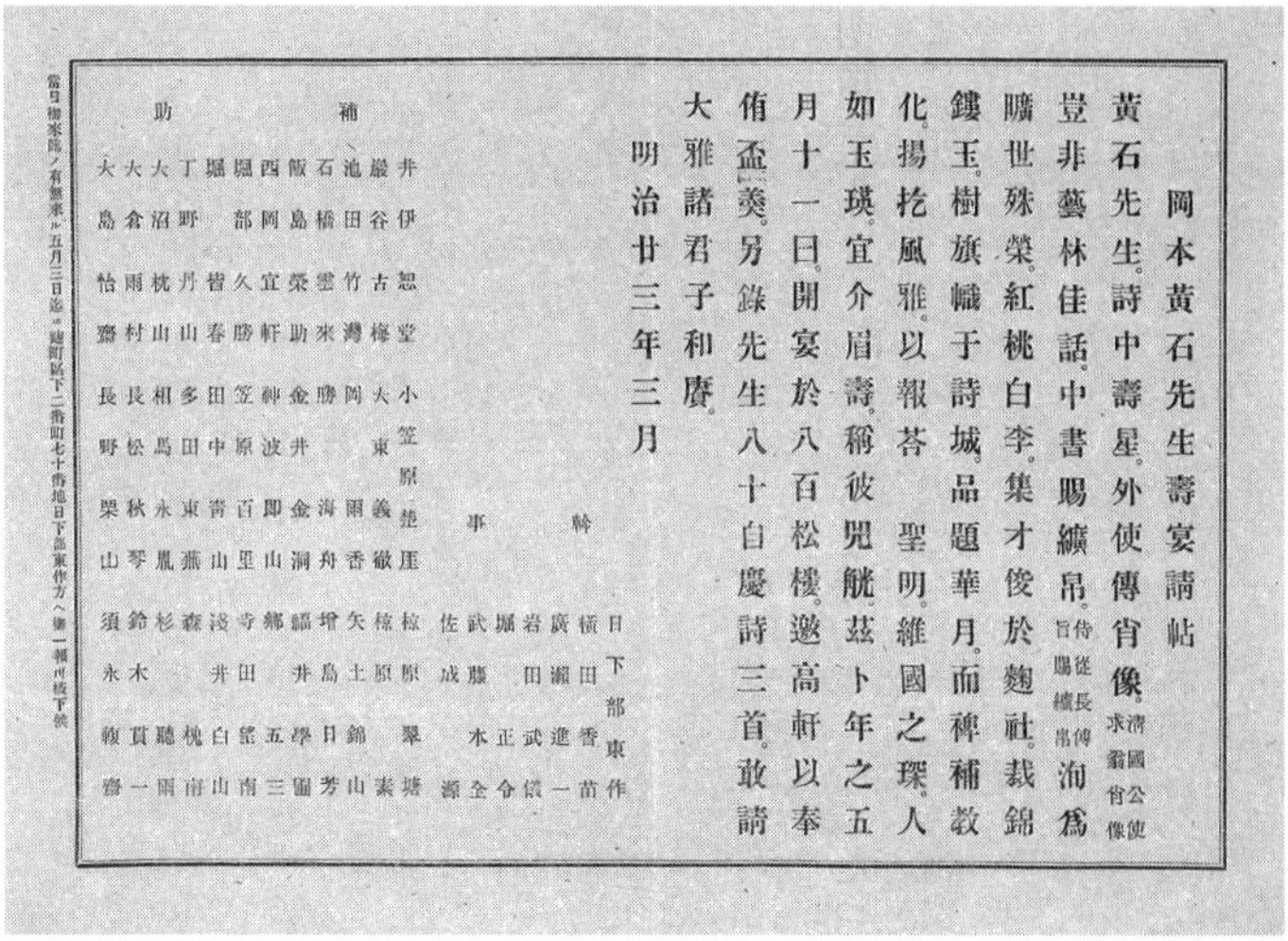

岡本黄石先生壽宴請帖

黄石先生。詩中壽星。外使傳肖像。清國公使求翁肖像豈非藝林佳話。中書賜纊帛。侍從長傳旨賜纊帛洵爲曠世殊榮。紅桃白李。集才俊於麹社。裁錦鏤玉。樹旗幟于詩城。品題華月。而裨補教化。揚扢風雅。以報答　聖明。維國之琛。人如玉瑛。宜介眉壽。稱彼兕觥。茲卜年之五月十一日。開宴於八百松樓。邀高軒以奉侑盃斝。另錄先生八十自慶詩三首。敢請大雅諸君子和賡。

明治廿三年三月

幹事　日下部東作　横田香苗　廣瀬進一　岩田武儀　堀正令　武藤木全　佐成源

補助　井伊恕堂　巖谷古梅　池田竹灣　石橋雲來　飯島榮助　西岡宜軒　堀部久勝　堀皆春　丁野丹山　大沼枕山　大倉雨村　大島怡齋　小笠原壯匡　大東義徹　岡雨香　勝海舟　金井金洞　神波即山　笠原百里　田中青山　多田東燕　相馬永胤　長松秋琴　長野栗山　椋原翠塘　椋原素　矢土錦山　增島日芳　鍋井學圖　鄕五三　寺田望南　淺井白山　森槐南　杉聽雨　鈴木貫一　須永賴齋

當日御來臨ノ有無來ル五月三日迄ニ麹町區下二番町七十番地日下部東作方ヘ御一報可被下候

岡本黄石先生寿宴請帖（個人蔵）
黄石八十歳の寿宴招待状。幹事に日下部鳴鶴、補助者に井伊直憲・増島六一郎・相馬永胤・鈴木貫一が名を連ねている。

明治の三筆）、依田学海（漢学者）、野口小蘋（画家）らがいる。

明治三十一年一月、米寿（数え年八十八歳）を迎えた黄石は自賛の肖像画を石版刷にして、知人らへ配布した。同年四月、天寿を全うして静かにその生涯を閉じた。

2

医者から至誠組のリーダー、藩庁のトップへ

谷《たに》　鉄臣《てっしん》

文政五年―明治三十八年（一八二二―一九〇五）

（彦根市立図書館提供）

谷鉄臣は新政府時代の彦根藩のリーダーである。慶応三年（一八六七）十二月、王政復古を宣言した新政府側に彦根藩がつくよう導き、明治四年の廃藩時には藩政のトップ「大参事」に就いていた。

鉄臣はもともと武士ではない。町医師の家の生まれで、幕末の彦根藩を主導した岡本黄石の政務を支える中で藩政の中枢に入る。しかし、大政奉還後の国家ビジョンを異にしたため黄石と袂を分かつことになった。

戊辰戦争では当初から彦根藩が新政府側につき、その勝利に貢献したため、彦根藩は政府の中で一定の地位を築くことができた。彦根藩が明治維新の勝者側に入ったのは、薩摩・長州らと同様、下士層が藩を主導したからということができる。そのリーダーが鉄臣だったのである。

儒学と西洋医学を学んだ青年

鉄臣は文政五年（一八二二）、町医渋谷周平の長男として彦根城下の東新町（京町三丁目）で生まれた。当初は渋谷騮太郎と称している。幼い頃から学問に励んでおり、十四歳で中川禄郎の塾に入って漢書を学んだ。ついで父の指示により藩の儒者西郷魯卿に師事するが、天保十年（一八三九）、十八歳で江戸へ出て、幕府儒者の林家の塾で学んだと伝

わる。その後東北地方や越後国に歴遊したあと、家業を継ぐために医療を学ぼうとして長崎へ行き、オランダ医学を学ぶ。嘉永二年（一八四九）、二十八歳のときに父危篤の知らせを受けて彦根へ戻り、そのまま父の跡を継いで医者となった。長崎で学んだ西洋医学を用いたため、その治療を請う者が遠くからもやってきたという。

医師としての鉄臣の功績として、彦根に種痘（天然痘のワクチン）をもたらしたことが知られる。イギリスや中国で考案された種痘は、何度か日本に持ち込まれたことがあったが、定着はしていなかった。日本に定着させたのは、シーボルトの弟子でもある長崎の医師楢林宗建《ならばやしそうけん》である。嘉永二年、長崎出島を通じて取り寄せた種痘を定着させることに成功した。佐賀藩主鍋島家の子どもに接種したのをきっかけに、佐賀藩内、江戸、京都などに広まったという。鉄臣は嘉永三年に種痘を入手したということなので、長崎での成功を聞いてすぐに痘苗を取り寄せたのであろう。

町医者の家に生まれながらも、彦根から出て儒学や西洋医学をそれぞれ当時最高峰の場所で学び、彦根の中で暮らしていた者とは異なる世界観を身につけていたことがうかがえる。

藩政の路線変更を決行

彦根に戻った鉄臣は、岡本黄石（→13頁）が主宰する儒学・漢詩の会にも参加している。頼三樹三郎（儒学者、勤王活動家）が彦根にやってきて岡本黄石の屋敷に招いた際には、鉄臣と北川徳之丞が同席したという。つまり、彦根で岡本を中心とする尊王攘夷論グループが形成されており、鉄臣もその一人だったということである。他のメンバーには外村省吾・北川徳之丞・河上吉太郎がおり、彼らはこの後「至誠組」を結成して黄石の政務を支えることになる。

文久二年(一八六二)八月、それまでの彦根藩の政治路線を変え、岡本黄石が藩政を執ることになるクーデターが決行された。前月には、幕府で「一橋派」が政権を掌握するクーデターが起こっていた。彼らは大老直弼と将軍跡継ぎ問題で対立していたため、このままでは彦根藩が彼らから敵と認定されてしまうことになる。また、京都でも尊王攘夷を唱える志士の活動が活発となり、直弼は尊王攘夷派を弾圧してきたとして直弼に近い者の命が狙われていた。これに危機感をもった彦根藩士らが、八月二十四日、建白書を持参して岡本の屋敷へ押しかけてクーデターを迫ったという(→20頁)が、その計画は鉄臣らの発案であったという。

晩年の鉄臣からの聞き書き(黒田譲『名家歴訪録』)によると、尊王攘夷派の志士によるテロ行為が相次ぎ、長野義言を彦根に連れ帰って家老木俣の屋敷に匿っていた頃、鉄臣は他国の武士が彦根城下に入って長野の居所を探っているのに気づく。すぐに外村・北川・河上と相談し、他国の者に首を取られる前にみずから手を下さないといけないと考え、そのことを岡本黄石へ伝えて合意を得た。その計画は前日までに整っていたことが鉄臣の動きからわかる。実行前日、木俣の妻が出産したため、鉄臣は医師として木俣屋敷に行った。そこには長野が匿われており、出産祝いということで木俣から長野と一緒に酒が振る舞われた。酒の席では、長野に計画が悟られていないか冷や汗ものであったという。そのまま長野と同じ蚊帳で泊ったが、翌日長野が捕らえられる計画を知りながら同じ蚊帳で寝るのは気持がよくなかったと述懐している。

ここで注目したいのは、彼らは藩を存続させるために行動を起こしたということである。いわゆる勤王の志士が脱藩して国事に奔走していたのとは根本的に目的が異なる。彦根藩では、江戸時代を通じて「御家」（井伊家）の存続を重視する意識が高く、この時も井伊家の継承を優先する発想のもとでの行動とみることができよう。

京都周旋の中枢　同じ頃、京都でも政情が大きく転換していた。文久二年七月、長州藩は尊王攘夷を藩論に採用すると、朝廷内の尊攘派公家とも結んで京都での政局の主導権を握る。また、国事に参画しようとして京都に集まった志士らも長州藩の庇護のもとで活動を活発化させていた。谷らのクーデター計画も、この時流に逆らっては彦根藩が存続できないと考えた結果といえる。

尊攘派志士にも、彦根藩の政治変動は耳に入っていた。ただ、彼らのもとには、彦根藩は兵を率いて尊攘派を攻撃する準備をしているという噂も届いており、真相を確かめようと彦根にやってきた者がいた。

十月、長州藩士伊藤俊介（のちの伊藤博文）らが探索のためにやってきた。彼らは西川吉輔《よしすけ》（八幡出身の国学者、勤王活動家）を通じて多賀社神官の車戸《くるまど》宗功《むねこと》を紹介され、多賀にやってきたため、河上吉太郎らが出向いて彼らに応対し、二人を彦根城下の鉄臣の宅に連れてきた。伊藤らは彦根藩の状況を説明され、家老岡本からの使者にも会って誤解を解いた。さらに、至誠組の面々とは

谷鉄臣屋敷跡　昭和8年撮影（彦根市立図書館提供）
ここで伊藤博文らと会談したと伝わる。

国事を議論し、二泊して戻った。伊藤らは京都に帰ると同志に対して、彦根藩は世の風聞と異なり少しも動揺しておらず、岡本や至誠組は同じ尊王攘夷の志を持つと伝えたため、その後京都での彦根藩の評判は好転したという（「維新関係書類綴」西川吉輔文書、滋賀大学経済学部附属史料館保管）。

十二月には岡本が鉄臣らを引き連れて上洛した。翌年早々には将軍家茂の上洛が予定されている。また、当時の彦根藩は直弼の名誉回復を最重要課題と位置づけており、そのためには朝廷工作を行い、彦根藩の実意・実情を朝廷上層部へ伝えなければならないと考えていた。そこで、岡本の意を受けて動く人材が必要となり、鉄臣らが動員されたのであった。鉄臣らは藩から「他所向き御用掛り」を命じられ、正式に藩の職務として在京した。実際に奔走したのは北川・河上・外村や西村捨三、西川吉輔、大音《おおど》龍太郎《りゅうたろう》らで、彼らは集めた情報を鉄臣へ報告したという（「彦根市史稿」）。鉄臣は実働する彼らを統率し、京都周旋の中枢にあったことがわかる。京都では、三条小橋上る高瀬川沿いに借家住まいしていたという。

鉄臣の京都での活動は元治元年九月まで足かけ三年に及んだ。その間、彼らを取り巻く状況に変化が生じていく。文久三年には八・一八の政変で長州系の攘夷勢力が京都から追放された。この状況に、尊王攘夷論に心を寄せる鉄臣らは京都から退くことを決意したという。また、翌年一月には上洛した将軍家茂の御供として、井伊直憲は参内を果たした。西川吉輔を通じて朝廷に向けて彦根藩が勤王であることを説明し、楽器などを贈ったこともあり、直憲には文久二年の処罰で失った中将の官職に戻ることが許された。このように、鉄臣らの京都での活動が彦根藩の名誉回復へとつながり、彼らは一定の成果を上げたということができるだろう。

彦根藩を新政府に導く　慶応元年（一八六五）になると、鉄臣は武士身分に取り立てられ、慶応三年一月には侍読役を拝命した。学者の肩書きで藩主直憲の側近くに仕えることを意図した人事であろう。この異例ともいえる措置には、岩倉具視《いわくらともみ》が関与していたといわれている（『史談速記録』）。

慶応三年前半頃には、国政に関わる者たちは国家体制の変革は不可避と認識しており、幕府に代わる新たな二つの政権構想が描かれ始めていた。一つは天皇を頂点に置き、徳川家や有力大名の合議で政務を運営するというものであり、徳川慶喜が大政奉還したのもこの体制への移行をめざしたものである。しかしこれは従来の支配者層による政権ということであり、従来の身分制が引き継がれることを意味する。それとは別の政権構想を進めていたのが、下級公家の岩倉具視、薩摩の大久保利通らであった。岩倉は慶応三年十一月まで五年にわたり蟄居を命じられ、朝廷から離れていたが、天皇のもとで新しい統一国家を樹立しようとして、密かに志士らと交流して政

田部密（1838 ～ 1910）
（彦根市立図書館提供）
谷鉄臣らとともに京都周旋に従事。明治には香川県参事、大阪府西成郡長、大阪鉄道社長などを歴任。

治運動をしていた。彼らは十二月九日に王政復古のクーデターを実行すると、幕府・摂関といった旧来の権力組織を廃し、新たな政府樹立を宣言した。

この二つの政権構想に対して、彦根藩内でもそれぞれに賛同する勢力に分かれた。王政復古のクーデター後には、岡本黄石は二条城に入って慶喜側につこうと主張したのに対し、鉄臣や足軽出身の大東義徹《おおひがしぎてつ》・田部密《たなべひそか》らが二条城入りに反対した。結局、後者の意見が採用され、十二月二十日頃には新政府支持を打ち出している。

彦根藩がこのような判断を下した背景には、鉄臣による多数派工作があったと想定できる。この鉄臣の行動がどの程度岩倉から影響を受けたのかは不明であるが、蟄居中の岩倉は薩摩・土佐藩士らと文通して意見を交わしており、鉄臣とも書面を交わしていた可能性はあるだろう。

徳川譜代筆頭の井伊家が新政府側についたことで、去就を迷う他藩も同調し、慶応四年正月早々からはじまった鳥羽・伏見の戦いの後、西日本の諸藩は次々と新政府の軍門に降った。新政府にとって彦根藩の判断は大きな意味をもつものであったといえる。

新政府時代の彦根藩の最高指導者

「彦根藩」という組織は明治四年七月の廃藩置県まで存続する。ただ、徳川大名時代には大名家ごとに独自の統治ができたが、新政府のもとでは政府の指示のもと、江戸時代の統治組織が崩されていった。明治元年十月には、政府は「藩治職制」を示して、地方行政組織としての「藩」と大名家の家政を分離させ、各藩の役職を執政・参政・公儀人といったものに統一させた。従来の藩組織を一気に解体せず、政府が示した基準に従って藩自身の手で組織を改編させることで地方制度を変えていった。

この約四年間の新政府のもとでの彦根藩時代には、鉄臣は実質的な最高指導者の位置にあった。戊辰戦争中の慶応四年四月には二百石取りの側役、翌閏四月には中老次席で千二百石にまで昇進した。実質的に家老と同格になったということである。同年十一月の職制改革では、「執政」には元の家老層が就き、鉄臣はそれに次ぐ「参政」に位置づけられた。

廃藩時点での彦根藩上層部

役職	氏名
知事	井伊　直憲
大参事	谷　　鉄臣
権大参事	西村　捨三
	石黒　　務
少参事	辻　　平内
	橋本　正人
権少参事	花木　　伝
	武笠　資節
	大音龍太郎
	外村　省吾

落合弘樹「維新後の彦根藩と彦根藩士」『幕末維新の彦根藩』より作成

翌明治二年、鉄臣は政府への出仕を命じられた。これは岩倉具視の顧問官に登用しようとするものであったが、鉄臣は若い主君直憲に仕えることを望み、その職を辞したという。彦根藩に戻った鉄臣は、明治三年五月には大参事へと昇進し、藩庁トップの役職に就いた。

また、政府は王政復古や戊辰戦争に功労のあった者へ賞典禄《しょうてんろく》を下しており、井伊直憲へ下された賞典禄二万石は藩士らに分与された。鉄臣が受けとった石高は、新野古拙・河手主水・貫名徹といった井伊家一門の家老に次ぐものであり、戊辰戦争で隊長を務めた藩兵幹部の石黒務・貫名顕義と同じ二十八石であった。その評価の対象には、戊辰戦争で戦功をあげた軍事的功労者とともに、藩論を勤王に導いた政治的功労者も含まれていた。鉄臣はその最大の功労者という評価を受けたことが賞典禄から読み取れる。

新政府への出仕　廃藩後、鉄臣は彦根を離れて政府に出仕する。大蔵省に入ったあと、左院《さいん》へ移る。左院は正院・右院とともに太政官を構成する一機関であり、法律の審議・制定を職務とする。

鉄臣の政府出仕は、廃藩前からみられた政府内部の対立に連動したものといわれている。版籍奉還後、政権中枢では政府機構の改革、藩の廃止などが議論にのぼる。大久保利通・木戸孝允らが協議して薩摩・長州によって制度改革が進められたが、一方、高知藩が士族・平民の身分差を撤廃する改革を主軸とした藩政改革を定めて実施すると、この論は福井・熊本・徳島などの有力藩にも広まる。彦根藩でも明治四年五月、高知藩にならった藩政改革を実施することについて政府から許可されている。さらに、これらの藩は一堂に会して政府改革構想を議論し、政府へ提言しはじめていた。つまり、薩長とは別に高知藩を中核とする政治構想集団が形成されており、鉄臣はその一員だったということである。しかし、薩摩・長州は彼らの政治参加に警戒を強め、ついに薩長の密談により廃藩置県が実施される。あわせて中央政府の官制も改革され、正院・右院・

左院を柱とする「太政官三院制」が定められた。このとき、この政治構想集団を切り離そうとして、その中心メンバーを中央省庁の幹部クラスに引き抜く人事が行われたという。鉄臣の大蔵省への登用もその一環とみられる。

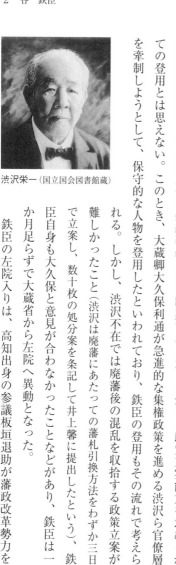

鉄臣は明治四年七月に大蔵省に大丞《だいじょう》として入った。当時の大蔵省には、権大丞（大丞の一つ下のポスト）に渋沢栄一がいた。元幕臣の渋沢は明治二年に民部省に出仕すると、改正掛長として租税制度の改正、全国測量の実施、交通通信の改革といった全国を統一する社会基盤整備にたずさわった。鉄臣が大蔵省に入ったのは、そのような民部省を合併し、民政・財政といった国内行政の根幹にたずさわる官庁へと組織改編された時期であった。しかし、政策立案能力を求められての登用とは思えない。このとき、大蔵卿大久保利通が急進的な集権政策を進める渋沢ら官僚層を牽制しようとして、保守的な人物を登用したといわれており、鉄臣の登用もその流れで考えられる。しかし、渋沢不在では廃藩後の混乱を収拾する政策立案が難しかったこと（渋沢は廃藩にあたっての藩札引換方法をわずか三日で立案し、数十枚の処分案を条記して井上馨に提出したという）、鉄臣自身も大久保と意見が合わなかったことなどがあり、鉄臣は一か月足らずで大蔵省から左院へ異動となった。

渋沢栄一（国立国会図書館蔵）

鉄臣の左院入りは、高知出身の参議板垣退助が藩政改革勢力を左院に集結させようとした結果とみられている。これにより、左院は廃藩前の改革構想を受け継ぎ、憲法編纂や議会制度樹立を目指す審議が進められた。左院での鉄臣の序列は、正副議長に次ぐ大議官（のち一等議官）であり、左院の中枢にいたことがわかる。明治四年十月には、木戸孝允が鉄臣を秋田県権令へ転出させようと画策しているが、これは薩長政府が旧藩政改革派の勢力拡大を警戒したためと思われる。それほど、鉄臣は左院内で大きな影響力を発していたのであろう。

しかしこの体制は長くは続かなかった。岩倉使節団として日本を離れた大久保利通・木戸孝允ら薩長指導部と、留守政府を預かる西郷隆盛・板垣退助・後藤象二郎らとの間に対立が生じ、後者が辞職して政府を離れることになった（明治六年の政変）。このとき官僚・軍人あわせて約六〇〇人がともに辞職したという。

鉄臣は明治六年九月にその職を辞して隠居した。その理由は病気のためということであるが、政変に連動してのことと考えられる。隠居後は京都に暮らし、儒学・詩歌に親しんだ。

引退後の活動　廃藩後、政界から退いて文人として暮らしたのは黄石と同様であった。ただ、詩文の道を貫いた黄石とは異なり、請われてさまざまな活動に手を広げていることがわかる。

井伊家との関係では、廃藩置県により一華族となった井伊家の家政運営に対して発言する立場にあったようである。特に秩禄処分により収入が激減した明治九年には、井伊直憲は井伊家の家政をスリム化しようと改革しており、直憲みずから家政運営を担うが最重要案件は鉄臣らに意見を求めたことが確認できる。

また、儒学者・漢詩人としても活動している。鉄臣は儒教の聖典である経書《けいしょ》を研究・解釈する経学《けいがく》という学問に造詣が深く、青年のために「論語」や「大学」などの講義会を開き、『論語類篇心解』、『大学篇提要』などを刊行している。遺稿集である『如意遺稿』には青年期から詠んだ漢詩などを収録する。その中には、岡本黄石の『黄石斎詩集』へ寄せた序文、河上吉太郎・大久保章男・外村省吾・西川吉輔といった同時代に生きた仲間の碑文などがある。

そのほか、幕末の志士とのつながりを通じ、維新殉難志士を慰霊する養正社設立の発起人に加わっている。養正社は明治九年、木戸孝允らが志士の慰霊のために設立した団体で、京都東山の霊山《りょうぜん》に建てられた墓所を整備し、毎年十月十四日（大政奉還の上表提出日）に祭典を実施していた（京都養正社は二〇一三年に解散するまで活動を継続していた）。

明治十五年には宮内省御用掛を拝命している。これは京都に居住して、臨時の諮問に答えるものであるが、程なく辞退したという。また、西村茂樹が創始した日本弘道会（儒教的道徳教育を主張）の京都・近江支会長を務めるなど、明治三十八年に八十四歳で死去するまで、多彩な活動を続けた。

コラム

彦根近代化のはじまり——洋学校を設立した鈴木貫一

開国により西洋諸国の実情がわかると、その先進的文化・学術を取り入れて近代化する必要性が認識されはじめる。彦根藩では、早くも慶応三年（一八六七）ごろから藩士に洋学を学ばせはじめた。その最初となる一人が鈴木貫一（一八四三〜一九一四）である。

貫一は慶応三年二月に藩から洋学修行を命じられて江戸へ行っており、その後、横浜居留地に住む宣教師バラのもとで英語を学び、キリスト教の洗礼も受けた。その直後、慶応四年四月には一旦帰郷していることが確認できるが、これはアメリカ留学の準備のためと思われる。留学費用を藩から受けとり、家族との別れを告げて、まもなく渡米した。明治初期には、世界情勢を学ぶため、旧藩主井伊直憲をはじめ藩士数名が洋行しているが、貫一はそのさきがけということができる。

貫一の留学はバラが手配したようで、バラの知人がいるサンフランシスコのシティカレッジに入学したが、一年足らずで帰国した。本格的に大学に入学する前、英語を学ぶ課程のうちに帰国したようである。理由は家族が病気のためとしており、一時帰国の形をとったが、復学することはなかった。西洋の地に渡って実情を見聞するだけで満足したのかもしれない。

帰国して彦根に戻った貫一は、藩からの指示で洋学校を開設する。明治四年（一八七一）一月、貫一の自宅で仮開校し、みずから教えた。その後、内曲輪（金亀町）の岡本屋敷隣地に移ったようである。

洋学校設置を発案したのは当時藩政のトップにいた谷鉄臣という。同じ頃、藩が設置した洋学校としては熊本洋学校（明治二年開校）が有名であり、藩立の洋学校からの流れを汲む高校として愛知県立旭丘高等学校（尾張藩、洋学校）、新潟県立長岡高等学校（長岡藩、国漢学校洋学局）が知られる。ほかにも明治初期に洋学教育機関を設けた藩はあるだろうが、断絶したため知られていない。彦根藩洋学校もその一つということができるだろう。

洋学校開設にあたって、貫一は外国人教師を探した。神戸の米国領事に斡旋を依頼したところ、アメリカ人商人グードメンを洋学校教師として雇用することになった。グードメンは日本語に堪能ではなかったため、貫一が通訳を務めたという。

グードメンは明治四年四月からの一年契約で彦根にやってきて、英語学、文法、習字、地理、数学、究理学（物理学）を教えた。そのほか、明治時代の日本でもっとも読まれた洋書教科書の一冊でもある『パーレー万国史』もテキストとして用いられていたという。

しかし、明治四年七月の廃藩置県により彦根藩が廃されると、貫一は政府に登用されたため彦根を離れた。洋学校の事務は貫一の息子と女性教師に託されたが、明治五年十月には廃校になったという。ほぼ同時期に藩校弘《こう》道館《どうかん》も廃校となっている。同年、政府は「学制」を公布して全国統一の教育制度へ転換し

洋学校を開設した鈴木家屋敷跡（立花町）
長屋門が現存する（彦根市指定文化財）。

ており、藩による教育機関は終焉を迎えたのであった。

政府に登用された貫一は、明治五年の左院（立法府）のヨーロッパ視察団の一員に入る。左院の上層部には谷鉄臣がいた。そのままフランスに滞在して日本公使館で書記官として働いた。語学が堪能で、留学経験のある貫一は貴重な人材だったのであろう。しかし、明治十五年に公金を横領したとして帰国の上収監されている。生活に困窮した留学生から相談を受けて貸し出したのがきっかけという。晩年は彦根に戻り、得意の英・仏・独語を教えたほか、孤児を養育する「育児院」を設立して福祉事業に身を捧げた。

3

戊辰戦争での大隊長、女学校設立など彦根の発展に尽力

武節《ぶせつ》貫治《かんじ》（河手主水《かわてもんど》）

天保十四年―明治三十八年（一八四三―一九〇五）

武節貫治は幕末と明治以降では別の名前で活躍している。藩主井伊家の一族に生まれ、初代井伊直政の義兄の「河手主水」の家を再興して、藩兵を率いる軍事指導者に位置づけられると、戊辰戦争では彦根藩軍のトップとして各地を転戦した。

明治維新後は、名を武節貫治と改めて彦根の発展に尽力する。彦根に残った士族の中核となり、殖産興業、町政、学校の設立など、多方面に功績を残した。その原資となったのは、戊辰戦争の功労として受けとった賞典禄である。彼はその立場上、彦根藩士の中で最高額の賞典禄を得ていた。それを彦根の発展のために役立てようとする気持ちが明治維新後の彼の活動の根底にあったのではないだろうか。

（『彦根西高百年史』より）

井伊一門の家柄　武節貫治は天保十四年（一八四三）九月十一日、新野《にいの》親良《ちかよし》（隠居名、古拙）の二男として生まれた。父親良は井伊家当主直中《なおなか》の男子、つまり井伊直弼の兄にあたる。一度は筆頭家老木俣《きまた》土佐《とさ》の養子となって「木俣中守《なかもり》」と名乗り家老を務めていたが、病気のため家老と木俣家当主の座は木俣の実子に譲ると、みずからは新野家を再興させた形で木俣家から分家し、新野左《さ》

馬助《まのすけ》と称した。新野左馬助は戦国時代の井伊氏を支えた親族の家柄であり、その家を再興させる形で井伊家子息が重臣の家を新たに建てたということである。親良はその後、「小手分組」という新設した軍事部隊の部隊長を務め、嘉永四年（一八五一）、井伊直弼の当主就任後には再度家老を務めた。このように、藩主一族でありながら、筆頭家臣木俣家の分家として重臣の一角を占めた家に貫治は生まれた。

幼名は敦次郎。嘉永六年、江戸時代初期に断絶した河手主水家を再興することになり、十一歳の敦次郎が知行千石を授かってその家の当主となった。河手氏は戦国時代、奥三河の河手・武節の城主であった家柄である。奥三河は武田氏と徳川氏の境界にあたり、一時期、武田の支配下にあったが、長篠合戦後には徳川がふたたび奥三河一帯を勢力下に取り戻している。河手良則《よしのり》もそのような状況で徳川の配下に入ると、家康は良則を井伊直政に付属させた。井伊家では良則を家老に取り立て、直政の姉が良則に嫁いだ。このように、良則は井伊家の組織の中で親族関係のある重臣として活躍した。しかし、二代目を継いだ良行《よしゆき》が大坂夏の陣で討死し、その子も幼くして亡くなったため、河手主水家は断絶していた。その家を再興させたということである。

藩の軍事指導者へ　彼ら井伊一族の重臣層への登用は、軍事部隊を強化するという構想に連動してのものと思われる。すでに文化・文政年間（一八〇四―一八三〇）頃より、軍事編成では「小手分組」という小隊が新設されており、弘化四年（一八四七）からの相州警衛でも小手分組を軸として臨機応変な軍事編成がとられていた。組の隊長はもともと「笹の間詰」の重臣層から選ばれることになっていたが、新たに井伊家一門を重臣層に登用して「小溜席《こだまりせき》」という階層を創り出した。先にここに入っていた新野や松平倉之介（井伊家親族格）に加え、直弼の当主時代に貫名《ぬきな》徹《とおる》（直中男子井伊中顕《なかあき》の子）と河手主水が家をたてて小溜席に入った。彼らには部隊を率いる軍事指導者の役割が求められ、実際に藩兵を率いて出兵している。藩政上も、中老を経て家老に就いた。

文久三年（一八六三）、主水は二十一歳で侍組頭として出兵し、京都で禁裏守衛に従事した。二年後の第二次長州戦争では、主力部隊の一隊を率いる隊長を務めている。さらに、慶応四年（一八六八）正月からの戊辰戦争では、主水は井伊家の軍勢を率いる家老大隊長を拝命した。藩主井伊直憲は従軍しなかったので、主水が直憲の代理で彦根藩部隊のトップに位置したということである。彦根藩を代表して他藩との会議に臨み、藩兵へ指示を下すのが主水の役割であった。

戊辰戦争での彦根藩は、岩倉具定《ともさだ》（岩倉具視の次男）のもと薩摩・長州・鳥取・大垣などの諸藩とともに東山道の先鋒として江戸方面へ進軍し、戦闘のないまま板橋宿へ到着する。四月に入り、北関東で本格的な戦闘が始まり、彦根藩も宇都宮城（栃木県）方面へ兵を向けた。そのような中、旧幕臣大鳥圭介《おおとりけいすけ》の部隊が日光を目指して北上してきて、宇都宮の政府軍と小山《おやま》（栃木県）で戦闘となる。四月十七日、小山宿で全面対決となったが、政府軍勢は数の上で劣勢で、彦根藩の青木貞《あおきてい》兵衛《べえ》隊が敵勢に挟まれて脱出不可能となり、青木以下十一人が命を落とした。戊辰戦争での最初の本格的な戦闘で大きな犠牲者を出したが、最後まで死力を尽くした彼らの戦いぶりは後世まで語り継がれることになった。

この勢いで大鳥軍が宇都宮城を落とすが、四月二十三日には政府軍が奪還。彦根藩兵は日光へ移り、土佐藩らとともに大鳥軍に対峙した。五月に北関東が一段落つくと、白河へ兵を進め、二本松藩攻略、会津若松城包囲に加わる。九月に東北諸藩が降伏すると、十月八日、彦根藩兵は薩摩、長州、土佐、大垣の諸藩兵とともに東京へ引き上げた。この五藩は宇都宮から白河方面で最初から戦闘していた藩である。二十三日に東京へ凱旋すると、二十六日には凱旋した彦根藩兵全員が江戸城へ召し出され、西の丸の山里茶屋で明治天皇から慰労の言葉と酒肴を賜わった。十一月一日、主水は江戸城西丸白書院に召し出されて、東北平定の功を賞されると、まもなく部隊を率いて東京を出立し、十一月十三日に彦根に帰着した。

戊辰戦争関連地図

凱旋後も、主水は引き続き軍事上のトップにあり、明治元年（一八六八）の藩職制改革後は「執政」として藩政の最上位に位置して、軍務局・刑法局の一等執事に任命された。
しかし明治二年の版籍奉還後、藩官員名簿に主水の名前は見あたらなくなった。翌明治三年六月十八日に藩の職務を辞したからである。

東京で学ぶ　明治三年、彦根藩の公務を辞して東京に出た主水は、名を武節貫治へと改めている。武節は戦国時代の河手氏が称していた苗字でもある。河手氏の本拠は川手城と武節城（いずれも愛知県豊田市）であり、先祖は武節氏とも称していたことから、この古名へと改めたということである。

東京では福地源一郎《ふくちげんいちろう》の塾に入り学んだという。福地は元幕臣の政治家・ジャーナリストとして著名な人物である。長崎の出身で英語を学んでいたことから、幕臣に登用されて外国奉行のもとで通訳として働いており、文久元年、慶応元年と二度の幕府による遣欧使節団に参加した経験をもつ。最も早い段階で西洋文明を体感していた日本人の一人といえる。明治維新後は東京下谷に私塾日新舎を開いて英語とフランス語を教えた。貫治はこの塾に入ったということであろう。

貫治のその後の活躍をみると、福地の塾で学んだことが彼に大きな影響を与えたと思われる。塾では語学だけではなく西洋社会の実情を教わったことであろう。福地は翌年には大蔵省に入りアメリカへ渡航しているので、貫治が日新舎で学んだ期間は長くはなかったであろうが、その教えに刺激を受けたのは間違いない。

彦根に戻って　明治四年に廃藩となって、旧藩主井伊直憲は彦根を離れて東京へ住まいを移してしまった。そのような中、貫治は明治五年に彦根に戻ってきた。新しい時代の彦根のために尽力することを決意して帰郷したのではないだろうか。

帰郷後の行動を『滋賀県立彦根高等女学校五十年史』に掲載される略歴からみると、まず明治六年に、後三条町に新築された小学校「青年学校」を新築する費用金一〇〇円を寄付して、その褒美として滋賀県知事（正確には県令）から銀盃を下賜されたという。明治五年の学制制定前後から滋賀県内でも小学校の設立は始まっていた。各小学校の建設・運営資金は有力者からの寄付や住民の負担金をもとにしており、貫治も小学校建設のために私財を寄付したことがわかる。

彦根藩士のまとめ役　明治八年から九年にかけて、尾末町に招魂社を建設するにあたり、貫治はその総代に就いた。招魂社は戊辰戦争の戦死者を祀る神社である。政府は国家のために命を落とした者を祀る神社として東京九段坂上に招魂社（現在の靖国神社）を建てるとともに、各藩主に対しても招魂場を建てて招魂祭を実施するよう命じた。彦根では当初、井伊直憲が井伊神社敷地内に招魂場を建てて祭祀を行っていたが、政府が各地の招魂場を掌握・整備するようになると、直憲と旧藩士らは「郊外の僻地」から町の中心街である尾末町へ移転して、東京招魂社と同様の体裁で新たに造営することを政府に願った。この運動の中心にいたのが貫治である。滋賀県を通じて内務省へ提出される願書は貫治を総代として作成されている。直憲は東京在住であり、彦根

戊辰従征戦死者碑
滋賀県護国神社境内に建つ

在住の貫治が代表者となった。貫治は戊辰戦争で彦根藩兵の総隊長であったため、自然な役回りであろう。

　貫治を総代とする嘆願書は、途中何度も差し戻され、内務省でも一度は不許可の判断が下されたが、あきらめずに条件を変更して嘆願を繰り返した結果、明治九年五月十八日に内務省から移転の許可を得ることができた。これにより、尾末町に新たな招魂社が創建され（現在の滋賀県護国神社）、青木貞兵衛ら戊辰戦争の戦没者二十六名を祀った。

　ついで、明治十年の国立銀行設立の出願には井伊直憲を筆頭に旧藩士数名が名を連ねたが、その中に貫治も含まれる。その後設立された第百三十三国立銀行では、貫治は士族の代表として取締役に名を連ね、明治十五年からは支配人も兼ねた。同銀行は設立当初、彦根藩士族のための銀行という性格があり、貫治は士族の代表として経営陣に加わった。

　第百三十三国立銀行幹部として、官設鉄道湖東線の敷設請願にも名を連ねている（↓148頁）。政府は明治五年の新橋―横浜間を皮切りに、東京と関西を結ぶ鉄道を建設していたが、長浜―大津間の湖東線は着工のめどが立っていなかった。そこで、早期開設を願って彼らが請願運動をしたのである。その路線決定に貫治らが関わったと伝わる。政府の当初案は中山道沿いの高宮・大堀・鳥居本を経て米原に達する路線であったが、貫治らが停車場を彦根町東の現在の位置に設置するよう陳情したという。

明治二十二年に彦根町が設立されて初めて実施された町会議員選挙では、貫治も当選して町会議員を務めた。

廃藩後の彦根は、旧藩主井伊直憲をはじめ、士族のうち幕末・維新期を主導した者のほとんどが彦根を離れた。一方、収入が途絶えて困窮した者も出て行き、城下は衰退していたという。貫治は彦根に産業を興し、士族に仕事を与え、彦根を活性化させようとして、これらの活動に取り組んだと思われる。

彦根中学校移管運動への関与

これらと並行して、学校の設立にも深く関わっている。

その一つは彦根中学校の移管問題である。明治九年に開校した彦根学校（↓63頁）は、翌年には県立へ移管して彦根伝習学校、さらに彦根初等師範学校と改称した。その後の法令改正に伴い、明治十三年四月、県は初等師範学校を廃して彦根中学校（県立）へと編成替えした。

しかし県会（県議会）が中学校費の予算案を否決してしまい、このままでは学校が運営できなくなり廃校となってしまう状況となった。これを知った旧彦根藩士や町内有志は町に移管して存続させようと運動を起こした。もともと井伊家や彦根士族らが寄付金を出して建てた学校であり、県が予算をつけず充分な運営ができないのであれば、町へ戻すことで、藩校の精神を受け継いだ有為有能の人物を養成しようとする独自の教育方針を立てることができると考えられた。この運動は大東義徹・大海原尚義ら東京在住の彦根士族が主導したが、彦根側でこの問題に応対した中に貫治がいた。

この運動の結果、県は移管を認めて公立（民有）の彦根中学校が認可され、明治十三年十一月に開校した。

しかしこの彦根中学校の運営も順調ではなかった。県の補助金が当初予定から削減・削除されたからである。その背景には、不況のほか、県会議員の中に彦根中学校は彦根士族のための学校と認識して、その存在を疑問視する者がいたということがあった。折しも国が中学校の制度・教育内容を統一化する指示を下した影響で、その基準に満たない小規模な学校は廃校に追い込まれていた。

大東義徹（1842～1905）
（国立国会図書館蔵）
彦根藩士族初の大臣（1898年、第１次大隈内閣の司法大臣）。

そのような中、県令中井弘が明治十九年予算で彦根中学校への補助金一切を打ち切るという方針を示し、廃校の危機を迎えた。そこで、先年の運動の中核にいた大東義徹ら と学校関係者は協議して、県当局と交渉した結果、地元彦根や井伊家の負担額を増額して、新たに尋常中学校として開校することが決定した。尋常中学校は明治十九年の教育令で各県に一校ずつ設置するべきと規定されており、それに基づく滋賀県唯一の尋常中学校として開校することとなったのである。明治二十年五月十五日に開校式を挙行した。

女学校の設立を決意　これまで貫治が関わってきた招魂社移管、銀行経営、学校移管はいずれも、彦根士族を代表する立場で活動している。ただし、実質的にどこまで主導したのかは不明である。旧藩時代の格の高さから盟主に祭り上げられたという側面も少なからずあるだろう。

それに対して、女学校の設立は貫治自身が主導したということができる。

中学校移管に関わる中で、貫治は女子教育の必要性も感じていたのであろう。当時の女子教育は実質的に小学校にとどまっていた。小学校の就学率についても、明治十年代のデータでは、男子の半分以下であった。その上、小学校卒業後の進学先として中学校が設けられていたが、当時の教育令で小学校以外は男女共学が認められていなかったため、中学校には男子しか入学できなかった。小学校卒業後の女子が通える女学校は全国的にも限られていた。公立校では文部省直轄の東京高等女学校をはじめ全国で数校、私立ではフェリスや神戸女学院などキリスト教系の女学校、跡見花蹊の跡見女学校や下田歌子の桃夭女塾など私塾的な色彩の強い女学校しかなかった。滋賀県では、大津師範学校に女子師範学科が設置されていたのみであり、教員養成コースしかなかったことになる。県議会では明治十九年頃から女学校設立が議題に上がったが、賛同する議員

西内大工町勧商場を利用した女学校校舎
『彦根西高百年史』より

は少なく否決されている。反対派には、女子に学問は不要という考えをもつ者もいたが、女学校そのものが法律で規定されていないことも賛同を得られなかった要因の一つと考えられる。女学校が法律で定められたのは明治二十四年のことであり、それまでは、女学校といっても入学資格、在学期間、カリキュラムはまちまちであった。

このような女子教育の現状を憂いて貫治は女学校設立を計画したという。中島宗達（↓155頁）、岡島淡、瀬古惣哉らがこれに賛同したが費用の面で苦しく、すぐには進まなかったということであり、早くから女学校を設立したいという思いを抱いていたことがうかがえる。その動機は明らかではないが、一つの可能性として、藩校弘道館は廃止直前には女学校があったということなので、それを復興するという発想かもしれない。

女学校設立に向けて具体的に動き出したのは、彦根中学校の県立移管問題が落ち着いた段階であった。明治十九年、彦根中学校を移管して県立尋常中学校として彦根に設立することが決定し、学習院で教鞭をとっていた田部全次郎（彦根藩士族士田部密の息子）を校長として迎えた。田部は貫治から女学校設立の話を聞くとこれに賛同し、中学校教員を女学校の講師とすることを申し出たという。彦根中学校の移管問題が解決したため、貫治は女子教育機関の整備へと関心を移していったのであろう。

学校新設の最大の課題は資金の確保であった。貫治は関係先から支援を求めた。女学校創設者には貫治のほかに十三名が名を連ねており、そのうち六名は弘世助三郎・広野織蔵ら第百三十三国立銀行経営陣である。彼らは財政的支援をしたと思われる。そのほか、井伊直憲夫人の宜子《よしこ》からも毎年一〇〇円が寄付された。それでも財政的に厳しく、不足額は貫治が補填したという。

淡海女学校の開校

淡海《たんかい》女学校が県から認可を受けて開校したのは明治二十年五月のことであるが、その前年、明治十九年中に女学校そのものは開校していたようである。当時は西内大工町（本町一丁目）にあった勧商場などを借りて教室としていた。県に設立認可を申請するにあたり、外馬場町（京町二丁目）の旧修善学校へと移転した。「私立淡海女学校」の設立認可が出ると、五月十五日には開校式を執り行っている。同日午前には彦根尋常中学校も開校式を開いており、そのため彦根に来ていた県知事中井弘、学務課長や県会議員らを来賓として迎え、中井知事が祝辞を述べた。

当初の生徒数は五十人ほどで、普通科と裁縫科があった。尋常中学校の教員が和漢英学、数学を教えたほか、礼節・裁縫を岡田貞、茶道・漢学を宇津木翼、花盆石を衣斐彦平、琴を遠藤浪寿、漢学を信沢甚内、英語を土田某が教えたという。英語・漢籍といった学問とともに、礼節・裁縫といった従来からの女子教育も含む学校であった。

明治二十三年十一月までは、貫治が校主として総務を取り締まっていたが、十二月に東京へ移ることになり、その職を離れた。銀行経営に関して同僚と意見対立があって第百三十三国立銀行の職を辞したためという。そこで、残された者は学校の安定的な経営のため、学校の器具・書籍をすべて彦根町に寄付して町立として維持しようとした。町議会としても、長年苦心して経営してきた学校を廃校にするのは忍びがたいといった嘆願を受け、町立へと移管することを決定した。明治二十四年四月九日、彦根町議会は寄付の申し入れを正式に受け入れた。寄付リストには、七十冊近くの和漢洋学の書籍、各種器具・実験道具などが記されている。

明治三十八年に死去した貫治に対し、当時県立となっていた彦根高等女学校の校長は弔電を送り、女学校創立の功績を称えた。

4

至誠組から彦根学校（現彦根東高校）の開校へ

外村省吾《とのむらしょうご》

文政四年—明治十年（一八二一—一八七七）

（彦根市立図書館提供）

外村省吾は二つの面での活躍が知られる。一つは幕末彦根藩で「至誠組」の一員としての活躍、もう一つは明治初期の学校創設である。

それらの活動の背景には儒学の学びがあった。岡本黄石や至誠組のメンバーとは、もともと漢詩を詠み政治を語り合う儒学グループの仲間である。岡本が藩政を主導することになったため、彼に協力しようとして政治活動に関わることになった。ただ、彼の本質は儒学者であり教育者といえる。幕末・明治に活躍した彦根藩士の多くがその門弟であり、政治活動のかたわら、若者への教育に力を注いでいたことがうかがえる。明治初期の新たな学校設立の仕事は、長年教育にたずさわってきた省吾に適任だったことであろう。

儒学を学ぶ　省吾は文政四年（一八二一）四月、彦根藩足軽の並江重太郎の息子として生まれ、天保六年（一八三五）、十五歳で外村一郎の養子となった。「御城下惣絵図」（彦根城博物館蔵）には足軽が住んだ善利組《せりぐみ》十丁目に並江重太郎と外村巳之介の屋敷が確認できるため、両家は同じ町内に住む近所の家であったことがわかる。

省吾は幼少期から儒学を学んでいる。九歳のときには飯島介三郎に学び、二十二歳で中川禄郎《なかがわろくろう》の門に入って研鑽を積んだという。中川禄郎は彦根藩の藩儒として著名な学者である。中川の門人録には外村貞介（程輔）と記されており、これが省吾のことである。

中川禄郎は、彦根藩士で国学者の小原君雄《おはらきみお》の長男として生まれ、親族である中川氏の養子となっていた人物である。幼少期より儒学を学び、二十代になると諸国を遊学して各地の儒学者と交流し、学問的な研鑽を積んでいった。そのような禄郎は、天保十三年、彦根藩から藩儒として招聘され、十人扶持で「諸士格《しょしかく》」という藩士の格式をもって藩に召し抱えられることになった。彦根藩士がまとまって禄郎の門下に入ったのが天保十四年以降のことであり、藩儒となったのがきっかけであったことがわかる。省吾は二十二歳で禄郎の門下に入ったというが、これも天保十四年頃のことなので、学問の志が高い藩士らとともに、禄郎のもとで学問に励んだということであろう。

省吾は中川禄郎のもとで朱子学を学び、次に陽明学も修めた。天保十四年には家塾を開いて子弟を教えたという。

政治へ関心をもつ　儒学は政治学・政治思想学といった要素もあり、儒学者の中には幕府・諸大名の政治的ブレーンとなる者もいた。禄郎は藩主の世継ぎとなった井伊直弼からの求めに対して『芻蕘之言《すうじょうのげん》』を著し、君主となるべき人物への提言をまとめている。単に儒学を教授するだけでなく、現実社会をふまえた政治・教育論を展開した学者であったといえよう。省吾が禄郎から学んだのはこのような政治論に対する姿勢だったのではないだろうか。

それは、嘉永六年（一八五三）のペリー来航以後の省吾の政治的発言から読み取ることができよう。省吾は「国家久しく無事上下恬熙《てんき》（＝世が太平無事）す、宜《よろ》しく一戦以て士気を作興すべし」と好戦的な主張をしたため、藩から禁錮の処罰を受けている（『彦根市史稿』）。その後も藩政を批判する持論を藩主へ訴えたが、受け入れられることはなかった。

嘉永六年のペリー来航は日本に大きな影響を与えたが、その一つに、ペリーによる開国要求へどのように対応するかという課題に対して、老中阿部正弘が諸大名をはじめひろく人士へ意見を求めたという点がある。それまで幕府政治は将軍の家臣である譜代大名・旗本が執っており、幕府の決定事項にそれ以外の者が関与することはなかった。国家の根幹に関わる重要事項とはいえ、それまで政治的発言が許されなかった者へ発言機会を与えることになったのであった。彦根藩でも同様に、広く家臣へ意見を提出するよう申し渡された。それに対する意見の多くは、ペリーの要求を拒絶し、敵を打ち払えという攘夷《じょうい》論であった。アメリカ艦隊を目にした者など軍備の実情を知る者は相手の意見を受け入れるという現実的な意見を述べたが、多くは従来からの攘夷論を主張した。省吾の論もそのような攘夷論といえる。

このときの中川禄郎の意見は通商を許容するというものであり、藩主直弼はこれを採用して幕府へ提出した。省吾の論は藩が採用した意見とは相入れないものであった。

岡本黄石の門弟　省吾の政治思想に影響を与えたのは、中川禄郎ではなく別の人物と考えられる。それは岡本黄石（↓13頁）であろう。

岡本は各地の儒学者や勤王の志士とも交流が深く、直弼の政務に対して批判的な考えをもっていた。省吾がいつから岡本の門弟であったかは不明であるが、ペリー来航後に足軽ながら藩政批判の論を展開したのは岡本の影響ではないだろうか。

省吾が岡本のもとで政治的な活動をしたことがわかるのは最初のものは、桜田事変後の対応である。そもそも、岡本が彦根藩政を主導した最初が桜田事変後であった。主君の仇討ちを遂げるため藩士らが続々と江戸藩邸に集まる中、幕府は彦根藩に対して暴挙に出るようなことがないよう厳命していた。このような幕命を受けた岡本は自重するよう藩士を説得した。「彦根市史稿」には、このとき省吾が「社稷《しゃしょく》（＝国家）重し、動くべからず」と述べて思いとどまらせたと記されている。井伊家の存亡が何よりも大事であり、軽々に動いてはならないと諭したのである。岡本の意をうけて省吾が行動するという関係が桜田事変後の藩士慰撫の時にすでにみられたということである。

至誠組としての活動　彦根藩では、直弼没後もしばらくはその政治路線を継承していたが、文久二年（一八六二）に路線を変更することになった。それは薩摩藩の島津久光（藩主実父）が兵を率いて上洛し、勅使大原重徳を擁して江戸へ向かって幕政改革を成し遂げたことに連動している。このクーデターにより、大老井伊直弼と政治的に対立していた者が幕政の中核を占めたため、彦根藩にとって逆風の時代となった。それを察知した彦根藩では、岡本黄石が主導して、藩論を尊王攘夷へと転換した。

彦根藩が尊王攘夷へと政治路線を変更したという噂は他藩にも伝わったが、すぐに信用できなかったため、長州藩の伊藤博文、土佐藩の谷干城ら尊攘派志士が彦根までやってきて彦根藩の情勢を探った。彼らを応接したのが省吾や谷鉄臣ら至誠組であった。これをきっかけに、省吾らは藩から「他所向き御用掛り」を命じられて、他藩の尊王攘夷派と交わり、京都が政治の中心地となる中で情報収集に奔走することになる。その任にあたるため、文久三年正月、省吾は十人扶持を与えられ士分に取り立てられた。同年五月には、外交周旋の功を称して紋付上下一具と銀十匁が下賜されている。

新政府への出仕　慶応三年（一八六七）五月、省吾は藩校弘道館の教授に就く。それまでの国事周旋から離れることを意味するのであろうか。あるいは、藩士を教育し、彼らに影響力のある職に就いたとみることもできよう。

新政府が樹立されると、政府は行政事務を執り行う官僚を各藩から登用した。省吾もその一人として新政府に出仕を命じられ、「刑法判事試補」に就いた。明治政府は全国で統一的な刑法典の制定を目指しており、明治二年（一八六九）、刑部省は新たな律（刑法）の編纂を開始、翌年には「新律綱領」が制定されている。省吾は中国古代の唐・明時代の律に詳しいため、新律編纂の部局に登用されたのであった。

しかし、病気のため辞職して彦根に戻り、明治四年七月には藩の権少参事となる。ところがその直後に廃藩となってしまった。ただし、彦根藩の統治組織はそのまま彦根県に受け継がれており、彦根県でも同じ権少参事を務めている。しかし、明治四年十一月二十二日、近江国内が大津県と長浜県の二つに再編されることになり、彦根藩が統治していた領域区分が廃止されると、彦根県の役職も解職となった。

教育行政の先駆者　新たな行政組織である長浜県にも省吾は出仕している。その肩書きは十等官、小学校用掛である。長浜県は明治五年二月に犬上県へと名称を変えるが、省吾は引き続き同じ職にあって、小学校の設立に行政の立場から関与したと思われる。

新政府は早い段階より、小学校建設を各府県で実施すべき施策の一つとして掲げていた。京都では明治二年にすでに「番組《ばんぐみ》」という学区ごとに小学校が建てられており、政府は明治五年八月に「学制《がくせい》」を公布し、大学・中学・小学を置き、全国を八大学校区、一大学校区を三十二中学校区、一中学校区を二百十小学校区に分け、各学校区に大・中・小学校を一校ずつ置く計画が立てられた。

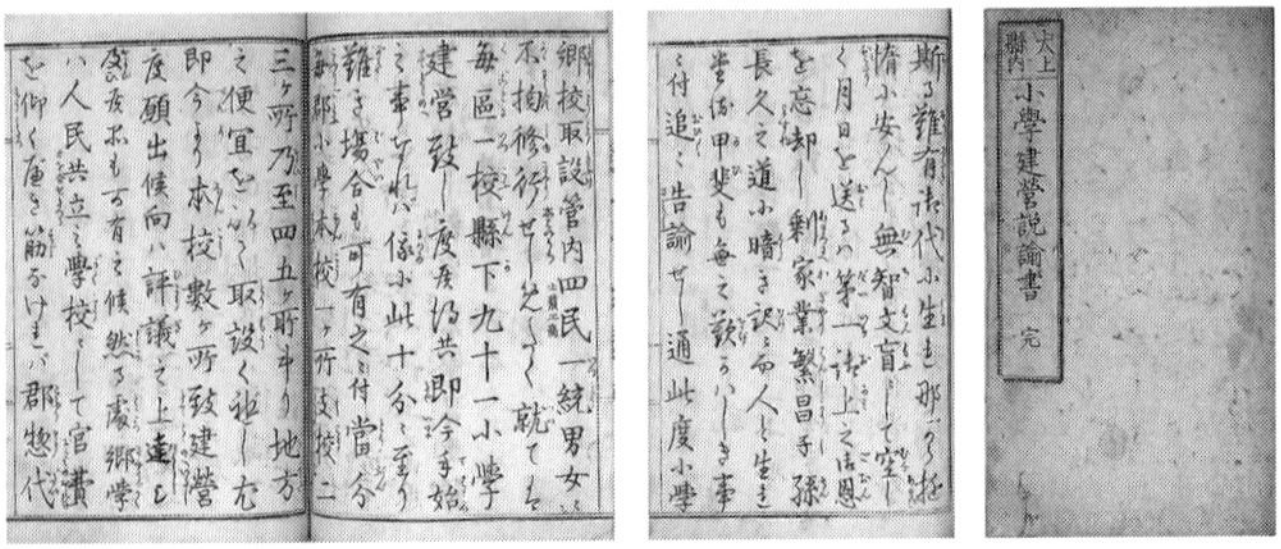

「犬上県内小学建営説諭書」外村文書　（彦根市立図書館提供）

犬上県でも、「学制」公布に先立つ明治五年七月に、小学校建設の方針を示した「犬上県内小学建営説諭書」が出されている。そこには、犬上県内に九十一の小学校を建てることを目標にし、当面は本校一校と分校数校を急いで建設することが示されている。当時は、学問は家業の妨げになるという考えもあったが、それに対しては、小学校で学ぶことで、「人の道を知り、身を修めて家を斉《ととの》え、家業を繁盛し、子孫を長久し、才徳次第で役人にも登用される基本を学ぶことができる」と説いた。これらは福沢諭吉の『学問のすすめ』の考えを取り入れたものであった。

「犬上県内小学建営説諭書」は犬上県の名義で出されたものであり、文章を作成した個人名は記録されていない。しかし、省吾が当時犬上県の小学校用掛であったことと、『学問のすすめ』や京都の先進的実例を把握して新時代の教育のあり方を説いたことからみて、省吾が作成に深く関与していたと推測できる。

犬上県内では、説諭書が出されるより前に、すでに長浜と高宮で小学校が開校していた。高宮では、明治五年三月に地元有志により小学校が設立されて授業が始められており、学制公布後には長浜に次ぐ「滋賀県第二小学校」と称し、その後「先鳴学校」と改められた。「学制」上の区分では、第三大学区滋賀県管内第十一番中学区犬上郡高宮村第百三十三番小学区となる。ただし、明治八年時点で就学対象の児童数一〇八五人に対し、実際に就学していたのは三六七人と、四割に満たなかった。

この状況に対して、省吾は小学校に高宮村内の保護者を集めて、学問する必要性と子どもたちを就学させる保護者の責任を訴えたという（『高宮小学校百年史』）。説諭書の精神を直接説いたということであろう。

明治五年十一月、省吾は陸軍省裁判所に出仕するが、翌年四月、再び病気のため職を辞した。

彦根学校の開校　二度までも病気のため政府の機関を退職した省吾であるが、明治八年五月には第十一番中学区取締となっている。学区取締とは「学制」により定められた教育行政担当官で、中学区ごとに十～十三人程度が置かれ、それぞれ二十～三十の小学校を分担して指導監督する職務である。実際には、明治八年時点で、滋賀県の全四中学区で合計三十二名が学区取締に就いている。彦根周辺では、神崎・愛知・犬上郡が第十一番中学区とされた。さらに、中学区ごとに一名の学区取締頭取を置くことが定められると、明治九年三月に省吾は頭取兼務となった。

「学制」公布直後から、小学校設立は順調に進められ、明治十二年までには現在の彦根市域での小学校設立をほぼ終えた。しかし、小学校とその教員養成のための師範学校が優先され、小学校を卒業した者が進学する中等教育機関の整備は後回しとなっていた。

省吾は、中学区取締に就くとまもなく、小学校卒業生が通う上級学校の設立にも動き出している。これは、集義社《しゅうぎしゃ》に集った旧彦根藩士らが学校を建設しようとしたのが発端であった。明治七年に結成された彦根義社（のちに集義社と改称）は、政府に出仕していた大東義徹・大海原尚義らが彦根に戻り結成した政治団体である。八名の発起人の中に省吾も入っている。彦根義社・集義社の活動の一つに法律制度の研究があり、当時日本に影響を与えていたフランス法や、省吾も編纂に携わった刑法典「新律綱領」などがテキストに用いられた。しかし、明治十年頃には集義社の中心メンバーが彦根を離れたためその法律教育は下火になっていた。その集義社設立時の議論の中で、彦根に新しい学校を設立したいという話が出たという。

そのような意を受けて、学校新設の事業が動き出す。明治八年夏には「新立学校」を建設することを決定し、土地を買い入れて同年十月からは建設工事が始まっている。新立学校設立の事務は省吾が取り仕切った。

学校設立運動の中心となったのは、井伊直憲と集義社社員などの旧藩士であった。五〇〇〇円と見積もられた新築経費も、井伊家が半額、残り半額を士民からの寄付で賄おうと計画された。開校後の年間維持費も一八〇〇円のうち一〇〇〇円を五年にわたり井伊家から補助することが計画段階で取り決められている。井伊家が多大な財政支援をしたのは、この学校が藩校からの継承という側面があったからである。彦根藩時代、藩士子弟の青少年は藩校で学んでいた。儒学や各種武道など武士としての基礎を学んだが、同世代の少年たちが共に学び、仲間とふれ合い交友を深める場としても機能した。しかし明治五年の学制公布により、藩校弘道館は閉鎖されており、それに代わる学校が求められた。

では、どのような学校を設立しようとしたのか。その検討内容を記した「新立学校設立の順位」(『外村文書』彦根市立図書館蔵)にそれが記されている。集義社では、当初、師範学校を建設する議論があったが、師範学校や中学校は県が設立することになっており、民間では建てられない。一方、小学校は地域住民が設立・運営の経費を負担して設立することになっていたが、すでに下等小学校(修業年限四年)は設置方針が確定して、着々と開校している。そこで眼を付けたのが、下等小学校卒業生が通う上等小学校である。明治十年四月になると、下等小学校から初めての卒業生が出るため、その卒業生を受け入れる上等小学校を設立しようとした。しかしそれだけでは入学者数が少な

明治９年に完成した彦根学校校舎
『彦中五十年史』より(国立国会図書館蔵)

いため、校舎の一部を県立師範学校の分局として用いるよう県に提案しようとした（この提案は当初却下されたが、学校設立の翌年（明治十年）に聞き届けられ、県立の彦根伝習学校となる）。さらに、予科を設け、藩校閉鎖により学習の機会が失われた者へ教育の機会を提供しようとした。なお、この文書の末尾には、将来、ふさわしい時期が来れば中学校を設立して中等教育機関として整備したいとも記されている。

学校設立の根本的な意図として、指導者育成・人材養成による郷土の振興がある。これは藩校の意図を継承・発展させるものであるが、その対象を藩士に限らず地域住民に広げた点が近代の学校としての特色となっている。

明治九年六月、元川町（本町二丁目）に二階建ての洋式建築で校舎が落成し、学校名を「彦根学校」とすることを県へ届け出ると、八月二十六日には開校式が行われ、省吾は校長に就任した。

彦根学校での教育内容　彦根学校の課程には本科と予科がある。

本科の入学資格は、下等小学生・上等小学生（八歳〜十四歳）で俊秀の者と十五歳以上で普通の読物・算術・習字ができる者とされた。予科では和漢洋の書籍講読が行われ、希望する者が受講でき、特定講座だけの選択受講もできた。そこでは、論語・史記など藩校以来の書籍のほか、『万国公法』・『西国立志編』（中村正直翻訳）といった洋書・翻訳書も教科書として用いられた。

校長である省吾には学校の教育に関する決定権が与えられた。省吾はそれだけでなく、教壇にも立ったようである。本科の教員は師範学校を卒業した者三名を迎えたが、予科の教師には弘道館教授であった渡辺弘人らが就いている。省吾も藩校以来の科目を教授したのであろう。

しかし、彦根学校の開校からわずか四か月後の明治十年一月、省吾は五十七歳でこの世を去った。

外村半雲先生碑
大洞弁財天の参道に建つ。

その門人は多く、彼らの手によってその功績を記した「外村半雲先生碑」が建てられた（半雲は省吾の号）。旧藩主井伊直憲が題字を記し、「至誠組」の同志であった谷鉄臣が本文を作成、日下部鳴鶴がこれを書している。建碑に関する交友は六三人、門下生は一六四人をかぞえており、その名簿を見ると当時の彦根の名士の多くがその門下から出たことがわかる。

5 直憲の近習から大阪府知事、平安神宮創建等数々の事業を推進

西村捨三《にしむらすてぞう》

天保十四年―明治四十一年（一八四三―一九〇八）

（『西村捨三翁小伝』より）

西村捨三は、明治政府の内務官僚をへて、実業家となった人物である。知行百五十一五〇石の中堅藩士の家系に生まれ、彦根藩世子愛麿（井伊直憲）の側に仕え、戊辰戦争でも活躍し、明治期彦根藩でも幹部となった。その後、井伊直憲とともに欧米を廻り、帰国後、新政府に登用されると、内務官僚として警保局長・沖縄県令・土木局長・大阪府知事を務め、農商務次官へ転じたが、それを最後に五十歳で退官。この間、滋賀県出身官僚の代表者的な存在であった。

特徴的な活動をするのは、退官後。鉄道会社の社長などとして実業界で活躍しつつ、官僚としての経験を生かして資金を集め、さまざまな公共事業を推進した。治水・築港のような土木インフラだけでなく、神社の創建や紀念祭イベントの実施、石碑の建立など、手がけた事業は多岐多彩。それらの中には、京都の平安神宮・時代祭、大阪港のように、現在も残るものが見られる。

御伽役から江戸遊学へ

西村捨三は、天保十四年（一八四三）七月、百五十石取の知行取藩士西村有年の次男として彦根で生まれた。祖父西村貞寛は、藩校稽古館《けいこかん》で素読方を務めていたが、歌人

としても活動しており、「日心亭」と号していた。その門下には中川禄郎がいる。父の有年も儒学や和歌に親しんでおり、捨三はこのような好学の家系に生まれた。

嘉永五年（一八五二）、十歳で藩主井伊直弼の嫡男であった愛麿《よしまろ》（後の井伊直憲、五歳）の御伽《おとぎ》役として出仕する。いわゆる「ご学友」として机を並べて一緒に学んだ。四年間勤めたあと、愛麿が江戸に出たため御伽役は御免となり、藩校弘道館に通って学んでいたところ、文久元年（一八六一）に江戸への遊学が決まる。その際、父から「放蕩粗暴」（物事に無頓着な性質）を批判され、成功するかどうかは本人の心がけ次第だと訓戒を得ている。江戸では儒学者塩谷宕陰《しおのやとういん》のもとで学んだが、遊学は二年もたたずに終了した。その原因は、いわゆる「文久の政変」である。それに連動した政変が彦根でもおき、捨三も彦根へ戻ることとなった。

京都周旋の特命を受けて　彦根へ戻った捨三は、文久二年九月、京都周旋方を命じられる（→32頁）。藩政を掌握した岡本黄石のもと、谷鉄臣らが情報収集や朝廷・他藩との交際を担っており、その実働部隊の一人として情報収集に動いたようである。元治元年（一八六四）七月の第一次長州戦争では、彦根藩兵は出陣していないが、捨三は四国・九州方面へ赴いている。四国経由で豊後海峡を渡り、佐賀関（大分県）に上陸した。九州では、小倉（福岡県）から長崎をへて熊本まで行った。各地の様子を確かめ、連絡をとったのであろう。

京都周旋方とは藩の公式な役職ではなく、岡本・谷から特命を帯びた役割だったようである。

ただ、それが評価されたためか、慶応元年（一八六五）七月に一代切騎馬徒《きばかち》に召し出され、実家から独立した一藩士に登用された。

しかし足軽とのトラブルが元で、慶応二年末に扶持米を召し上げられた上に押込処分をうけている。翌年二月にこの処分が解かれると、「改心修行」のためと称して他所での学問修養を許可された。捨三は、再び江戸で修学につとめたようである。

戊辰戦争で近藤勇を捕縛　慶応四年正月、戊辰戦争が勃発したとき、捨三は江戸にいた。二月初頭には彦根に戻っている。彦根藩は二月六日に東山道軍の先鋒となることが命じられ、江戸へ向かって進軍すべく出発準備をしていた。その軍事編成は、藩主の従兄にあたる河手主水を総隊長、石黒務を軍事奉行とするもので、捨三は小西信左衛門（後の大東義徹）とともに軍事方を命じられた。出発直前の二月十一日には、使番役に任命されている。

彦根出立時、捨三は白い装束をまとっていたという。死装束をイメージしたものであろうが、薄い紅梅色の裏地を付けていた。死ぬ覚悟で戦にいどむという意を込めたもので、捨三の決意も推し量られよう。相馬永胤はこれを見て感激し、服装を真似たという（『相馬永胤伝』）。

彦根隊は中山道を進み、三月初頭には江戸北郊の板橋に到着する（→45頁）。三月十五日に予定されていた江戸総攻撃も中止され、四月十一日、官軍は江戸へ入った。

しかし捨三の属した部隊は、江戸には入らなかった。宇都宮（栃木県）からの要請を受けて派遣した香川敬三を軍監とする援軍約五〇〇人の中に、彦根藩兵二〇〇人ほども含まれており、捨三もその一人であった。

香川隊は四月三日に板橋を出発し、千住（足立区）から陸羽街道を北上した。越谷（埼玉県）まで進んだところで、流山《ながれやま》（千葉県）に旧幕府側の軍勢が駐屯しているという情報をえた。進んでいる街道からは一〇㎞ほど東へ離れており、兵数も少ないらしいが、後方に敵兵を残したままでは不安である。そこで、捨三たち彦根勢を中心とした三〇〇人ほどの人数で流山を急襲した。流山に駐屯していた兵は、急襲されて総崩れとなったため、隊を率いる「大久保大和」と名乗る人物が、恭順を申し出てきた。捨三らがその対応をしたところ、小隊長の渡辺九郎左衛門が、この大久保大和こそ新選組の近藤勇であることに気づいた。渡辺は京都で催された会合で、近藤を見知っていたのである。

そこで捨三らは、大久保大和（近藤勇）と幹部らしき人物に対し、板橋の本営まで同行を求めた。板橋まで向かう途中で、幹部と思しき一人は逃げ去ったが、大久保大和は板橋まで連行され、そこで近藤勇本人であることが確認された。途中で逃げ去ったのは土方歳三であったという。捨三たちは、近藤勇の捕縛という結果を、早々に出したのであった。

小山戦では斥候役　その後、彦根隊を含んだ官軍（香川隊）は、宇都宮に到着。日光で板倉勝静（元老中）を降伏させた。すると、江戸でこの報をうけた大鳥圭介が、旧幕府方を支持する有志の兵を率いて出発し、土方歳三らとも合流して日光をめざした。大鳥隊（旧幕府軍）は江戸から北上してゆき、彦根藩兵（官軍）はそれを防ぐため宇都宮から南下する。両隊は、十六・十七日に小山（栃木県）で本格的な戦闘を交え、彦根の青木貞兵衛隊が敵兵に囲まれて玉砕するなど、官軍は大きな被害をうけて撤退する。一時は宇都宮に立てこもるが、それも持ちこたえられず、十九日には宇都宮を大鳥隊に奪われ、古河（茨城県）まで大きく南下・退却した。

この小山・宇都宮における戦闘は、戊辰戦争における彦根隊の最大の戦闘であった。捨三はこの一連の戦闘に参加していない。斥候として偵察に動いていたためである。十六・十七日の小山合戦直前、捨三は大鳥隊の行動を探るため、古河にいた。しかし大鳥隊の所在地を把握できないまま、十六日に宇都宮へ引き返そうとした途中、小山で戦闘していることを知る。しかし十人ほどで行動していた捨三になすすべはなく、古河へ戻るしかなかった。官軍の宇都宮への退却を知ると、捨三は援軍派遣を江戸に求め、また宇都宮で籠城している僚友にも密使を使って援軍を依頼した旨を伝えている。ただ、その到着には時間が必要だった。

十八日、捨三はここぞという時に着用すると決めていたのだろう、例の薄紅梅の裏地を付けた白装束に着替え、駕籠に乗って宇都宮へ向かった。捨三は乗馬が苦手なのである。駕籠舁きには、敵兵が来たら逃げるよう命じた。もしもの場合には犬死しても構わないという決死の覚悟である。するると途中で、宇都宮から脱出してきた彦根藩士堀部久勝に出会い、援軍が来なければ明日にでも陥落と聞かされた。そしてその通り十九日、宇都宮城は大鳥隊に奪われ、彦根藩兵ら官軍は古河まで撤退したのである。

その後、援軍が来て二十四日に宇都宮城を奪い返すと、彦根藩兵は日光に陣を敷く。ここで捨三は小隊を率いて山道を進み、敵兵の陣（ただし出陣中の空営）に火をかけた。五月には彦根隊は東北へ兵を進め、会津藩が降伏すると、十月に東京へ帰還した。

その帰途で、捨三は大きな失敗をする。ピストルの手入れをしていた捨三は、銃弾が入ったまま手入れをした結果、誤って発射してしまい、同僚の腕に大けがを負わせてしまう。そのため十一月、謹慎処分となった。このとき捨三は、二度とピストルは持たないと誓ったという。

彦根藩兵は、転戦によって大活躍を見せ、近藤勇を捕縛するなどの功績もあった。また譜代大名の代表格として真っ先に勤王を表明したことが評価されたのか、戦後、二万石の賞典禄が与えられ、捨三にも永世二十二石（五十五俵）が分け与えられた。

井伊直憲の洋行へ随行　戊辰戦争が一段落すると、彦根藩は新たな職制を制定し、戊辰戦争で活躍した者を上層部に登用した。捨三もその一人であり、公議人から少参事、権大参事へと進んだ。

しかし明治四年（一八七一）七月に廃藩置県が実行されると、十一月には彦根・長浜を含む湖北一帯が「長浜県」となる。このとき捨三は、長浜県の権参事となった。県政で第三位の幹部である。しかし同年十二月には、島根県参事へ異動を命じられる。県政第二位へ昇進するが、近江から離れることになった。そのためか、捨三はすぐにこの職を辞してしまう。捨三には、政府内での栄達よりも重要な仕事があったのである。

　明治四年十月二十二日、華族子弟の海外留学・洋行を奨励する勅諭が出された。七月に知藩事を退いた井伊直憲は、彦根から東京へ移住していたが、これをうけて洋行を決意する。捨三が依願退職したのも、直憲の洋行に同行するためと思われる。

　洋行の許可は、明治五年六月十三日に下りた。十月二十四日、井伊直憲・直安兄弟に捨三らを加えた一行は横浜を出港する。太平洋を横断した一行は、十一月十六日にアメリカ合衆国西海岸のサンフランシスコに到着した。大陸を横断し、十二月一日にはニューヨークに着く。そこに四か月近く滞在したが、その間にグラント大統領の就任式（二期目）を見ている。翌年三月二十二日にアメリカを離れて大西洋を渡り、四月一日にイギリスのロンドンに入った。ここにもしばらく滞在する。その後、海峡を渡ってフランスへ入国し、八月十二日にパリへ着き、その後、オーストリアへ赴いてウィーン万国博覧会を見学している。そして九月二十八日にマルセイユから出帆して帰国の途につき、明治六年十一月十五日に横浜に帰港した。

　一年以上にわたるこの欧米遊学については、直憲による記録が残されており、かなり詳しい足取りが追える。それによると、何人かいた同行者は皆、長期にわたって直憲のもとを離れているが、捨三だけは離れていない。常に直憲の側に捨三がいるのである。直憲にとって捨三は、愛磨

郵 便 は が き

お手数ながら切手をお貼り下さい

5 2 2-0 0 0 4

滋賀県彦根市鳥居本町 655-1

サンライズ出版 行

〒

■ご住所

■お名前《ふりがな》　■年齢　　歳　男・女

■お電話　■ご職業

■自費出版資料を　希望する ・ 希望しない

■図書目録の送付を　希望する ・ 希望しない

サンライズ出版では、お客様のご了解を得た上で、ご記入いただいた個人情報を、今後の出版企画の参考にさせていただくとともに、愛読者名簿に登録させていただいております。名簿は、当社の刊行物、企画、催しなどのご案内のために利用し、その他の目的では一切利用いたしません（上記業務の一部を外部に委託する場合があります）。

【個人情報の取り扱いおよび開示等に関するお問い合わせ先】
サンライズ出版 編集部　TEL.0749-22-0627

■愛読者名簿に登録してよろしいですか。　□はい　□いいえ

ご記入がないものは「いいえ」として扱わせていただきます。

愛読者カード

ご購読ありがとうございました。今後の出版企画の参考にさせていただきますので、ぜひご意見をお聞かせください。なお、お答えいただきましたデータは出版企画の資料以外には使用いたしません。

●書名

●お買い求めの書店名（所在地）

●本書をお求めになった動機に○印をお付けください。

1．書店でみて　2．広告をみて（新聞・雑誌名　　　　）
3．書評をみて（新聞・雑誌名　　　　）
4．新刊案内をみて　5．当社ホームページをみて
6．その他（　　　　）

●本書についてのご意見・ご感想

購入申込書　小社へ直接ご注文の際ご利用ください。お買上 2,000 円以上は送料無料です。

書名　（　　冊）

書名　（　　冊）

書名　（　　冊）

と名乗った幼時より見知っている家臣であった。もっとも信頼できる家臣として、常に直憲の側についていたのであろう。

この洋行で捨三は、欧米の進んだ技術を直接目にしている。後に捨三は、「文明の覗き眼鏡を見たる計《ばか》りなり」と回想しているが(『御祭草紙』)、この後の活躍に向けて、大きな意味をもったに違いない。

帰国後、捨三が井伊家の家令となるのは、全く自然ななりゆきであろう。外遊中から直憲の側近として随行し、すべてを差配してきたのだから、その延長といってよいだろう。

内務官僚となる　明治十年(一八七七)二月、捨三は内務省に採用された。内務省は内政・民政を担う行政機関であり、警察や地方行政も所管した。現在の総務省、国道交通省、警察庁などをあわせた巨大な権限を持ち、「官庁の中の官庁」とも呼ばれた最有力官庁であった。

そのころの井伊家は家政改革の一環で家政職員を減らしており、家令の捨三も他に職を求めたようである。内務省への仕官は、太政官内閣大書記官に就いていた旧彦根藩士の日下部東作の推挙で採用されたという。採用とほぼ同時期に、九州で西郷隆盛を盟主とする西南戦争が勃発する。捨三の最初の仕事は九州へ赴き、情勢を政府へ伝える任務であった。

以後の捨三は内務卿大久保利通のもとで勤めていたが、状況はすぐに暗転した。明治十一年五月十四日、紀尾井坂で大久保利通が暗殺されたのである。これに衝撃をうけた日下部東作は職を辞し、以後、書家として活動する。書家・日下部鳴鶴である。

一方、捨三は内務省に残った。庶務局長、警保局長など局長職を歴任した後、沖縄県令兼任、土木局長、大阪府知事と順調に昇進を重ねていった。内務官僚として日本を近代化する政治の一端を担っていたのである。

その仕事ぶりは歴代の内務卿からも認められていたようである。熱海で静養していた伊藤博文を捨三が訪ね、国際情勢について議論を交わし、伊藤が「実に熱心家にして愛すべき人なりと賞賛」したというエピソードが伝わる（里村千介編『藤公逸話』）。

沖縄県令　明治十六年（一八八三）十二月、捨三は沖縄県令として沖縄へ赴任した。

当時の沖縄県政にはいくつもの課題があった。なかでも喫緊であったのは、隣国・清との条約締結に向けた国境線の確定である。そこで捨三は、赴任するとすぐ、沖縄本島より南に位置する島々について調査している。調査結果は『宮古島旧史　附録南航日記』（明治十七年）・『南島紀事外篇』（明治十八年）といった書物にまとめられた。また、尖閣諸島（魚釣島）の帰属について内務卿山県有朋へ報告して判断を仰いでいる。

沖縄県政の方針について、捨三は共通語による教育を推進するなど、旧慣保存には反対した。だが沖縄文化の良さは理解していた。それゆえたとえば、山県の沖縄視察を実現するためには、沖縄の良さを理解してもらうことが必要と感じており、沖縄の人々の服装や音楽などを実際に見てもらおうと考え、沖縄の衣裳を東京へ持ち込み、懇意になっていた赤坂の芸者に着てもらい、「にわか琉球人」として宴会をしたこともあったらしい(『京都日出新聞』明治四十一年一月二十四日)。宴会とパフォーマンスが大好きな、いかにも捨三らしい取り組みである。

土木・治水との関わり　明治十九年(一八八六)には土木局長へ転じた。土木局は、道路・治水に関わる事務・設計などを所管する。

土木局長としての最初の大事業は、濃尾三大川(木曽川・長良川・揖斐川)分流工事であった。曲がりくねっていた三川を、堤防によって三つの水流へと分ける工事を行ない、流域の安全性を飛躍的に高めたのである。工事はひとまず明治三十三年にできあがったが、全行程の完了は明治四十五年となるほどの大工事であった。

この他にも任期中に捨三は、第一期筑後川改修工事(福岡県、明治十九年四月開始)、宇品築港工事(広島県)などの大規模な工事への補助金投入を担当している。

捨三にとって土木局長就任は、転機であった。この後、捨三の経歴で土木は大きなウェイトを占めていくことになるからである。琵琶湖疏水・淀川改修問題には土木局長時代、大阪府知事時代、その退任後にまで長きにわたって関与した。退任後の北海道炭礦《たんこう》鉄道会社社長時代には、室蘭港の修築を実行している。大阪市築港事務所長となったのも、そのような流れに沿ったものといえよう。

土木分野での人脈も積極的に結んだ。捨三は、利根川治水に尽した湯本義憲（埼玉県）、天竜川治水に尽力した金原《きんぱら》明善（静岡県）、濃尾三大川治水に関わった山田省三郎・金森吉次郎（ともに岐阜県）ら各地の有力者と交誼を結び、明治二十三年九月には全国治水協会を設立した。そしてその機関誌として『治水雑誌』を刊行し、治水の重要性を広く訴えている。また明治二十五年六月に土木会規則が定められ、内務省に土木会が設けられると、翌二十六年六月に捨三はその委員に選ばれ、道路・河川・築港などの土木事業に関わる法案について審議した。このように捨三は、土木局長となって以降、土木畑に精通した官僚経験者という地位を与えられ、その方面で活躍するのである。

大阪府知事　明治二十二年（一八八九）三月十六日、大阪府知事に就任する。捨三が知事に選ばれた背景には、前任の建野郷三知事が熱意をもって取り組んでいた大阪築港事業がある。当時の大阪湾には大型船が停泊できる港湾施設がなく、河口部の流路付け替えなどを含んだ築港が計画されていた。大型船が着岸できる近代的な港を設けることは、都市としての発展に欠かせなかったからである。土木局長であった捨三は、事業の継承者として適役であったのだ。

任期中を通じて取り組んだ事業として、琵琶湖疏水・淀川改修問題がある。琵琶湖から瀬田川・宇治川を経由して淀川となって大阪湾に注ぐこの水系は、滋賀・京都・大阪三府県にとってさまざまな意味で重要であった。滋賀県民は大雨で湖水面が上昇するのをさけるため、瀬田川を浚渫して流れをよくしたいと考え、京都府では、従来から進めている琵琶湖疏水を完成させて、琵琶湖の水を京都へ導きたいと考えていた。この二府県は、琵琶湖の水を下流へ多く流すことを希望したが、淀川の水量が増せばそれだけ洪水の恐れも増えるため、大阪府にとっては大問題となる。その改修には三府県の利害が関わるため、それぞれの希望を調整するのは非常に難しい仕事であった。

また、大阪における上水道敷設も捨三の大阪府知事時代の成果である。内務大臣からの訓令で、コレラ対策をしっかりするよう命じられたことをきっかけに、清潔な水道水を普及することで感染を防止させようとして、上水道敷設事業を進めた。内務大臣からの命令とあって、築港事業よりも優先させ、国庫補助を得るために活動したところ、補助金は認可されて工事が進められ、明治二十八年に上水道の通水式を迎えている。すでに捨三は府知事を離れているが、都島《みやこじま》の水源地で開かれた式典には、捨三の姿もあった。

捨三が大阪府知事として取り組んだ問題はいずれも、すぐに結果があらわれるものではなかった。知事として、長期的視野に基づき、行なうべき政策を判断していったことがうかがえる。

農商務次官　明治二十四年（一八九一）五月、農商務大臣に就任した陸奥宗光は、次官に捨三を指名した。捨三は大阪府知事を辞して農商務次官に就いた。内務省を離れることになるが、現在の「事務次官」、つまり農商務省内の官僚トップである。

農商務省は農林水産業・商工業などの諸産業の育成と振興を担当する官庁である。全国の商業会議所や株式取引所の認可、国策博覧会・共進会の事務、鉱山・林野の管理、地質調査、農業組合や害虫駆除に関する事務など所管内容は多種多様であり、繁忙な役所であった。

そのためもあって、農商務省には有用な人材が集っていた。その中には、のちに総理大臣となる原敬がいる。当時三十六歳の原は、このころの農商務省を「天下の大政を論議する所」で、「宛然たる梁山泊の観を呈した」と振り返っている(『原敬全伝』)。次官捨三の仕事は、「梁山泊」のまとめ役であった。

次官に就いた捨三が最初に取り組んだ大事業が、アメリカのシカゴで開催されるコロンブス記念万国博覧会への出品準備であり、また明治二十七年に予定されていた第四回内国勧業博覧会の企画であった。捨三は、十一月に臨時博覧会事務局評議員に加えられ、それらに対処することとなる。

帝国議会に提出する法案関係の業務も、重要な仕事である。捨三の次官在任は、明治二十四年六月から二十六年三月まで一年十か月に過ぎないが、その間には、第二・三・四回議会と総選挙が開催されている。第二・三回議会では予算案、第三回議会では鉱山法案が提出され、第四回議会では取引所法が成立している。

取引所法案を例に、経緯を見ておこう。

明治二十五年十二月十九日に取引所法案を衆議院に提出。二十一日には大臣が演説。二十二日には、特別委員九名が選出され、二十三日には委員長を選出した。以後、法案審査委員会が催され、翌年二月十三・十四日に本会議で審議され、衆議院を通過する。

二月十六日からは貴族院議会で審議された。まず九名の特別委員が選出され、委員長が選ばれる。このころ、捨三は尾崎三良に演説をしてもらうために連日邸宅まで押しかけている（『尾崎三良日記』）。また二十四日には、伊藤博文首相が取引所法案の成立を急ぐよう、貴族院へ圧力をかけた。その甲斐あってか、二十四日に可決。こうして三月四日、取引所法が公布された。捨三は、各審議に臨むため、衆議院・貴族院へ出席し、必要に応じて趣旨説明や答弁に立っている。

次官としての勤めは繁忙で、捨三は何度か退任を申し出ているが、その度に慰留されていた。それでもとうとう、明治二十六年三月九日、捨三は次官を辞任し、十三日には正四位に叙される。捨三が辞任した理由は、明確な史料はない。一説には、大臣であった後藤象二郎との折り合いが悪かったことが伝えられている。

平安遷都千百年紀念祭　五十一歳で官僚生活に終止符を打った捨三に、在職中の関係各所から声がかかる。その一つに平安遷都千百年紀念祭協賛会がある。平安遷都千百年紀念祭とは、平安京への遷都から一一〇〇年となるのを記念するイベントで、明治二十八年の開催を予定していた。捨三は協賛会幹事のひとりとして紀念祭実行に深く関わった。

捨三が紀念祭と関わりをもったのは、明治二十五年、紀念祭を立案していた京都の人々が、紀念祭開催にあわせて第四回内国勧業博覧会を京都に誘致しようと農商務省に要望したのがはじまりである。この要望は受け入れられ、農商務次官西村捨三の名義で同博覧会の京都開催が京都府知事へ内示された。博覧会は明治二十八年四月から七月にかけて、京都市左京区岡崎で開催された。

紀念祭では、平安遷都を成し遂げた桓武天皇を祀る神社（平安神宮）を創建して、平安遷都の日にあたる十月二十二日に紀念祭を執り行うメイン行事のほか、時代行列（時代祭）などさまざまな関連事業が執り行われた。

協賛会の幹事に就いた捨三は、委員会でいくつもの事業を提案する。その一つに、二府八県の連合事業がある。

もともと紀念祭は、京都市の発案であったため、当初は京都市における事業しか計画していなかった。しかし捨三は、催しを京都市内に限定するのではなく、近隣府県にまたがる全国的な産業・文化に結びつけたイベントにしようと発案した。東は名古屋、西は広島あたりまでの交通の便がよい都市で、展示会や観光地の見学会を実施しようとした。

明治二十六年四月の協賛会会議でこの提案が承認されると、捨三は関係各地へ出張して連合事業の趣旨を説いて回った。整備された鉄道網を駆使し、日中に移動して夕方・夜に演説・宴会をこなし、翌朝出発というスケジュールを続け、一か月たらずのあいだに二府八県の主要都市を駆け巡って賛同を得た。その結果、四月二十一日には、捨三の演説に賛同した名古屋・宇治山田・岐阜・彦根・大津・奈良・大阪・堺・神戸・岡山・広島・琴平などの代表者が京都に集まり、連合委員会が開かれた。彦根からは林好本・木村利平・阿知波勘次郎の三名が上洛している。会議では捨三が議長となり、各地で行なうイベント内容をそれぞれが発表し、その執行を決議していった。こうして、京都市だけで開催する予定であった紀念祭は、わずか一か月で二府八県にまたがる一大ビッグイベントへと生まれ変わった。捨三の中央官僚としての経験が生かされたのである。

その結果、連合事業は大いに盛り上がり、京都を核とした一大観光キャンペーンへと発展した。参加した各地でも、多くのイベントやインフラ整備がなされ、観光地としての下地作りや、市民生活の環境整備が進んだ。彦根では、明治二十八年四月二十日より六月八日まで、彦根城一帯で物産展・古器物展が開催され、同所で聞光寺（金亀山）の仏像が開扉され、盆栽会・舞会なども企画された。周辺地域でも、多賀大社・西明寺・金剛輪寺・天寧寺で宝物展・本尊開帳などがなされ、いたるところで架橋・道路修繕がなされたという。

熱心な募金活動　連合事業に目途がついた五月には、紀念祭のモニュメントとして「模造大極殿」を建造することなどが決まった。捨三はその後、大極殿の背景に社殿を建設することを提言し、この意見が平安神宮の建設へと発展した。

政府の指導により、事業費のうち模造大極殿の建造相当分は募金でまかなうことになった。建設費は、当初予算では約七万円、その後一一万円に増額され、この額を寄付金で集める必要が出てきた。そこで実際に募金活動を始めてみると、「西村前農商務次官の奇抜な全国勧財行脚」(『濱岡光哲翁七十七年史』)のおかげで、募金活動そのものが話題となり、京都市だけでも一〇万円以上、最終的には約四〇万円が集まった。

捨三は、このときも全国各地を駆け回って募金を呼びかけた。北海道から九州までを廻り、行脚は明治二十八年七月まで続いた。

その呼びかけは、単なる演説ではない。パフォーマンスで会場を盛り上げたのだ。演説は、平安時代の装束を身につけて行なった。コスプレである。大勢に対して説明しやすいよう、約四〇mもの巨大な幕に大極殿を描かせ、その前に立って説明した。その様は、さながら平安時代の再現のようであったという。

また、演説内容も工夫した。必ずその地の話題を盛り込んだのだ。平安遷都は京都だけに重要なのではなく、他の地域の文化・経済にも大きな影響を及ぼし、それが現在の礎となっていると説いたのである。寄付を得るためにはそうした理解・共感が必要だということを、捨三はよく理解していた。こうして、予想を大幅に上回る寄付金を集めることに成功した。

時代祭の創設　紀念祭まで四か月と迫った明治二十八年六月十七日に開催された協賛会の会合でのことである。捨三は得意の演説を行ない、平安時代から今日までの時代ごとの風俗行列を行

西村捨三が提唱して始まった時代祭　明治時代
『京名所写真帖』より（国立国会図書館蔵）

う構想をはじめて明らかにした。また、来年以降も継続して実施したいと述べると、満場の賛同を得た。実際には、すでに綿密に検討を加え、費用の算定を行った上での発言であったようで、会合の二日後にはさっそく時代行列取調委員が選ばれ、各時代の服装が調査された。

十月二十二日、平安遷都千百年紀念祭が平安神宮で執行され、捨三は例の平安時代の装束をまとって参列。その三日後の二十五日、時代行列が実施され、多くの人々が都大路を練り歩いた。準備期間は短かったものの、おおぜいの観覧客が沿道に詰めかけ、大成功に終わった。翌年以降も改良を加えて実施され、現在まで続く時代祭となるのである。

協賛会は後に、功労者に対してさまざまな記念品を贈ったが、捨三には、時代祭を描いた金屏風が贈られている。これは、協賛会の総裁・会長と同じ扱いであった。協賛会の人々が捨三をどのように見ていたのかが、如実に示されていよう。

近江と北海道で鉄道経営　農商務次官を退官して引き受けた仕事のひとつに、北海道炭礦鉄道会社（通称「北炭」）の事務顧問がある。その後取締役を経て社長に就任する。この会社は、明治二十二年（一八八九）に官営鉄道幌内線の払い下げをうけて設立された。社名に「鉄道」とはあるものの、石炭採掘を兼業しており、むしろ、経営の中心はそちらであった。近代化を進める日本にとって、動力エネルギー源となる石炭は極めて重要であった。この会社は、単なる一民間企業ではなかったのである。

この間、捨三は石炭の運送力アップをめざし、鉄道会社であるにもかかわらず、大型船を導入した。これによって、より多くの石炭の輸送・販売につながり、会社経営には大きなプラス材料となるはずと考えられた。ところが、明治二十七年八月に日清戦争が始まると、御用船として次々に船を供出せざるをえず、かえって外国から船舶を貸りなければ石炭輸送に事欠くようになってしまう。こうしたさまざまな影響をうけながら、捨三は経営努力を続けた。捨三は「炭屋」というあだ名を付けられていたが、それも炭礦鉄道会社の経営に腐心していたがゆえであった。

明治三十年八月、四年足らずで捨三は社長を辞した。のちに、捨三のとった方針が間違いでな

「辛苦是経営」石碑
近江鉄道本社（彦根市駅東町）脇に建つ。

かったことが明確になる。明治三十九年十月、鉄道国有法に基づいて北炭の鉄道が国有化された。鉄道路線を失ったため、北炭は、社名を北海道炭礦汽船株式会社へ改める。捨三の推進した船運が、メイン事業となったのである。

また鉄道会社という点では、近江鉄道も忘れてはいけない。明治二十八年十二月に近江鉄道会社が設立されると、捨三は代表取締役となっている。翌年九月に彦根・貴生川間の線路工事が始まったが、経営は苦しく、明治三十一年には危うくなり、捨三も代表取締役から取締役へと退いた。それでも、湖東内陸部のインフラ整備のために尽力し、明治三十三年十二月に竣工。その後、捨三は取締役を明治三十八年四月まで務め、「此鉄道の為め家産を蕩尽」したという（『日出新聞』明治四十一年一月二十九日）。捨三筆の「辛《しん》苦《く》是《これ》経《けい》営《えい》」という石碑が今も本社近くに建つ。

大阪市築港事務所長　捨三が大阪府知事であったとき、気にかけていた問題の一つが築港であった。大型船が着岸できる近代的な港は、近代都市としての発展のために欠かせないインフラ設備であった。

明治二十八年の紀念祭が終わるころ、ちょうど国会では治水法が審議されていた。捨三はその成立にも尽力するが、その成立をうけ、明治二十九年五月、大阪市は大阪湾測量事務所などを設けた。六月には国庫支弁による淀川改修が内定し、その予算案は、明治三十年三月に国会を通過。ようやく大阪築港事業がスタートする。

捨三は、明治三十年八月に北海道炭礦鉄道の社長を辞すると、翌月には大阪へ赴いて大阪市築港事務所長に就任する。大阪府側でも、知事の倍（六〇〇〇円）という破格の高給で捨三を迎えた。

明治三十年十月、築港工事の起工式が開かれたが、それに先立って捨三は、住吉大社・生國魂神社・高津神社・豊国神社などの大阪市内の神社へ束帯姿で参拝し、工事の安全・遂行を祈願している。それを知らせる『大阪朝日新聞』（明治三十年十月十七日付号外）は、社説において「大阪の築港は即ち日本の築港」と述べ、事業の重要性を強調するとともに、その責任者に捨三がいかにふさわしいかを、「世話好き」で「根気強き人」で「土木局長たりし人」であるうえに、「土方人足と心安き人」でもあるとして、「誠に中分なき人」と紹介している。

とはいえ、築港事業もすべてが順調に進んだわけではない。工事では、石材・セメントを大量に使用する。そのため、粗悪品のセメントが紛れていたり、石材輸送船が事故で沈没し、犠牲者も出た。しかしそのような時にこそ、捨三の個性が発揮された。セメント問題では、市会で明朗な説明をするだけでなく、土木界の重鎮である古市公威の名を出して間違いのないことを説いているが、古市は土木局長時代からの旧知の間柄であった。輸送船沈没問題では、犠牲者を悼んで大施餓鬼を実施するだけでなく、毎年法要を執行し、犠牲者を弔う謡曲「鹿の瀬」も立案している。遺族の思いにもしっかりと配慮しているのである。

大阪築港は、明治三十から三十七年度までの八か年継続事業として設計され、総額二二五〇万円に近いビッグプロジェクトである。当時の大阪市の普通予算が、一〇〇万円ほどであるから、大阪市は大量の債権を発行して、資金を調達している。捨三については、知事の倍という高給に対して批判もあったが、捨三は事務所長としてだけでなく、第五回内国勧業博覧会に関係しても行動しており、充分な働きをしていたといえよう。

築港工事は、沖野忠雄工事長の指揮のもと、順調に進んだ。明治三十五年七月には、大型船も入港できるようになり、翌年には中央大桟橋も完成した。そして明治三十六年三から七月には、大阪で第五回内国勧業博覧会が催された。

第五回内国勧業博覧会　明治二十八年(一八九五)の第四回内国勧業博覧会では、京都と大阪が開催地をめぐって争った。最終的に京都とされたため、大阪では第五回こそ誘致したいと考えていた。そこで、明治三十二年、大阪で第五回内国勧業博覧会を開催するよう求める期成同盟会が設立され、開催地をめぐって今度は東京と争うこととなった。捨三は、前回京都に決めた際の担当次官でもあり、この時には大阪側の関係者でもあったため、東上して大阪開催を働きかけている。

大阪・天保山に建つ西村捨三の銅像と「朝陽岡」石
大阪築港の功績を称えて建てられた。脇に置かれた「朝陽岡」石は、井伊家庭園にあった井伊直憲愛玩の石を拝領したもの。

明治三十三年五月、明治三十六年の大阪開催が決定する。これをうけて博覧会協賛会が設立されると、捨三は常議員の一人に選ばれ、博覧会開催に向けて尽力した。

この内国勧業博覧会は、現在の天王寺公園・新世界一帯を会場としたもので、規模はもっとも大きなものとなった。歴史的経緯を強調したり、市電を敷設するなど、京都で実施された第四回時に学んだ施策も多く見られる。だが、協賛会長を住友吉左衛門が務めるなど、政府・全国を巻き込んだものにはできず、大阪の博覧会となってしまった。

しかし捨三は、この博覧会開会には立ち会えなかった。明治三十五年七月、香川県多度津で協賛会会員の勧誘演説をしている最中に倒れたのだ。脳溢血であった。大阪に戻って回復につとめたが、会話にも不自由をきたしたため、明治三十六年二月十二日、捨三は大阪市築港事務所長を辞した。この時、『大阪朝日新聞』の社説は、捨三の功績を「淀川の流れ金剛飯盛の緑と共に、長く大阪人士の心目に銘すべし」と高く評価し、その辞任を惜しんだ。

博覧会は同年四月二十日に開会する。五月八日の開会式には明治天皇が来訪し、捨三にも拝謁が打診されたが、辞退している。六月二十六日、捨三は所長官舎から彦根町金亀一〇番地へ転居し、郷里へ戻ってきた。

なお大正十一年（一九二二）、大阪港大桟橋完成二十年となるのを記念して、捨三の銅像が立てられている。同年の天保山桟橋の竣工式をもって、大阪築港事業は完了した。捨三の歿後十四年のことである。

積極的な顕彰活動　彦根に戻った捨三は、名士として悠々自適に暮らしたようだ。体調も回復し、旧藩主井伊家で催された「元老会議」に出席したり、大阪港まで日帰りで視察に赴いたりしている。

捨三は、石碑を建てるなどの顕彰活動にも積極的であった。明治二十二年（一八八九）の四条畷神社創建をはじめ、明治二十六年の大久保利通追悼碑（千代田区）、明治二十九年の木村長門守表忠碑（大阪市北区）、明治三十一年の豊公三百年祭（京都市東山区）と浜寺惜松碑（堺市西区）、明治三十二年の高津宮址碑（大阪市中央区）、明治三十三年の宝暦治水碑（海津市）などがある。

それも、石碑建立にとどまらず、多くの人々に呼びかけて寄付金を集め、何らかの事業を伴っていることが多い。規模はまったく比べものにならないが、平安遷都千百年紀念祭も大阪築港事業も、そうした意味では同じなのである。そして、ここぞという時には衣冠を着してイベントに参列・出席し、衆目を楽しませた。「衣冠の侠客」（『大阪朝日新聞』社説）と呼ばれる所以である。

明治四十一年（一九〇八）一月十四日、捨三は彦根の自宅でその生涯を閉じた。享年六十六。死因は糖尿病であった。

死後、二十一日に政府から祭資金三〇〇円が下賜され、二十三日には平田（彦根市）の明照寺《めんしょうじ》で葬儀が催された。葬儀には、大阪府知事・大阪市長をはじめ、滋賀県知事代理・京都市長代理・京都帝国大学総長・平安神宮宮司ら、三〇〇〇人もの人々がかけつけ、「近時稀なる盛儀」であったという。

いまも蓮華寺の片隅で、妻の銀子と並んで眠っている。恐妻家であった。

6

専修大学の創設と横浜正金銀行頭取、井伊直弼の銅像建設に奔走

相馬《そうま》永胤《ながたね》

嘉永三年―大正十三年（一八五〇―一九二四）

（彦根市立図書館提供）

相馬永胤の肩書きは、専修大学の創設者と横浜正金銀行頭取の二つがよく知られている。

明治四年、廃藩直前にアメリカに留学して法律・経済学を学んだ永胤は、帰国後、留学仲間とともに法律経済を教える日本最初の私立専門学校を開校した。のちの専修大学である。一方で、帰国後は法律家としての職を得ていたが、まもなく銀行家へと転身する。貿易金融・外国為替に特化した横浜正金銀行に入行し、三十年以上にわたりその経営に携わった。そのほか、第一回の衆議院議員選挙で当選しており、井伊直弼銅像建設委員総代、井伊家相談役など、彦根と関わる役も積極的に引き受けている。

教育、銀行経営、政治、顕彰活動と、一見すると異分野に手を広げているようにみえるが、出会った人との交わりを通じて活動の場を広げ、つながりによって功績を残した人物といえる。

相馬家の先祖　相馬永胤の家は代々江戸詰の彦根藩士であった。父の高胤で五代をかぞえる。相馬という苗字と、代々名前に「胤」を用いることから、下総国相馬郡（茨城県・千葉県）を出身地とし、鎌倉時代以来、陸奥国行方郡（福島県南相馬市）を本拠とする武家相馬氏の一族と関係

がありそうであるが、それを示す記録類はみつからない。

初代勘六郎が井伊家に仕えるようになったのは元禄十四年（一七〇一）のことで、藩士に登用される時期としては遅い。当初は江戸屋敷の土蔵番、門番などを務めていたが、正徳四年（一七一四）、彦根藩主井伊直興《なおおき》の末男である直定が一万石の大名となり、彦根新田藩《しんでん》が新たに立てられると、勘六郎は新田藩の右筆《ゆうひつ》役として取り立てられたのであった。彦根新田藩が二十年で姿を消した後も、そのまま右筆役を務め、それ以降の相馬家歴代も江戸屋敷に住み、三代目・四代目は城使《じょうし》役として幕府・諸大名との連絡交渉に従事している。

相馬家歴代の中でも、その活躍が知られるのが四代目の隼人（永胤の祖父）である。隼人も江戸屋敷で勤めを果たしていたが、弘化三年（一八四六）、同輩とのあいだで刀の貸し借りのトラブルが生じ、城使役を解かれて一家で彦根居住の処分を言い渡された。永胤が生まれたのは、嘉永三年（一八五〇）十一月二十二日、処罰を受けて一家で彦根に移り住んでいる時であった。

幼少期を三浦半島で暮らす　永胤が生まれた直後、相馬家は相模国三崎（神奈川県三浦市）へ転居することになった。当時、彦根藩は幕府から、江戸周辺の海防強化の一環として三浦半島の沿岸警備を命じられていた。彦根藩は三浦半島の先端に位置する三崎などに陣屋を置き、藩士を駐屯させてこの相州警衛《そうしゅうけいえい》の御用に取り組んだ。相州警衛は幕府らと交渉しながらの業務となるため、城使役ら江戸詰めの藩士も陣屋に常駐して交渉事務に従事していた。しかし、彼らの責任と負担は通常の江戸での職務とは比べものにならないほど重く、役職辞退を願い出る藩士がいたほどであった。そのような中、隼人は処分を解かれ、相州陣屋への派遣を命じられたのであった。嘉永三年十二月七日のことである。これは井伊直弼が藩主に就任した直後のことであり、相州陣屋に務める家臣の負担を軽減させるとともに、隼人の経験と能力を生かせるようにと、適材適所の人事を直弼が命じたものかもしれない。

嘉永六年、ペリーの艦隊が久里浜《くりはま》に上陸した際には、彦根藩兵が海岸警備にあたっており、祖父隼人と父高胤もその業務に従事している。開国して時代が変革するその最前線の地で永胤は育ったといえる。この幼少期の体験は、その後の永胤に大きく影響を与えたことであろう。

永胤が五歳のとき、彦根藩は相州警衛を解かれたため、相馬家は江戸に戻り、赤坂にあった中屋敷詰めとなった。

江戸屋敷での暮らし　永胤は少年時代を江戸の彦根藩邸で暮らしている。

その時期の最も大きな事件は桜田門外の変であろう。事件直後から祖父隼人が幕府との交渉実務に携わっていた。三月四日には家老の岡本黄石が幕府に対し、直弼を襲撃した犯人を引き渡すよう願い出ているが、長年幕府との交渉に携わってきた隼人が岡本に同行している。永胤は自叙伝『懐旧記』に、この知らせを聞いた祖父が刀を取り急いで家を飛び出したことを微《かす》かに覚えていると記す。この四・五年後、十五・六歳になった永胤は、直弼の復讐をしようと祈願し、それ以降毎年三月三日には必ずその墓前に参詣したという。

彦根藩の立場を一変させた桜田事変は、永胤に大きなインパクトを与えた第二の事件ということができよう。

少年時代の永胤は江戸で文武修行の日々を送っていた。武術では、彦根藩が西洋式の兵制を取り入れると、永胤は江戸中屋敷の練兵場でその稽古をして、西洋小銃の打ち方を身につけたという。彦根藩は、第二次長州戦争で最新の洋式兵器を備えた長州軍に太刀打ちできなかったのを受け、慶応三年（一八六七）には足軽銃隊をイギリス式に改めている。永胤はこの軍制改革を実体験したということであろう。

一方、学問は藩邸内で学ぶのに飽き足らず、父の許しを得て麹町にある教授所へ入学した。この教授所は幕府直轄の学問所である湯島聖堂の分校のようなもので、当時は幕臣の漢学者林三郎が教えていた。その後、林の私塾にも入学したという。この頃の永胤には、大いに和漢の書を読み、広く天下の士に交わり、国家のため大々的活動をしたいという希望があり、そのために藩の外に出て学ぼうとしたのであった。

戊辰戦争に従軍　慶応四年正月に戊辰戦争が始まると、彦根藩は当初から新政府軍につき、彦根藩兵は中山道を通って江戸をめざした。藩兵が江戸攻略に向けて板橋に着陣したところへ、当時、江戸屋敷の留守居をしていた永胤が合流する。江戸に育ち、その市中を知り尽くしている永胤は江戸防衛の状況を調べて、藤沢（神奈川県）に布陣する西郷隆盛の陣を訪ねると、その軍事担当者に面会して江戸討ち入りに関して献策したという。

四月十一日の江戸開城後、旧幕臣の大鳥圭介率いる隊が日光を目指しており、宇都宮城（栃木県）など北関東に駐留していた新政府軍との間で戦闘となる。彦根藩の一隊も宇都宮城に入っており、永胤はその隊に属して敵情偵察を任務としていた。永胤が周囲の古河（茨城県）、関宿（千葉県）へと探索に出向いていたところ、小山（栃木県）で大鳥軍と宇都宮勢との戦闘となった。永胤は偵察から戻ろうとしたところで彦根藩兵が敵兵から攻撃を受けている状況を目にしたが、敵兵の数が非常に多く彦根隊のみで敵対することは難しいと判断し、早駕籠にて板橋の総督府まで駆け込んで戦況を報告して出兵を求めた。援兵とともに戻ると、小山ではすでに敗戦して、小隊長青木貞兵衛以下が敵中に斬り込んで玉砕しており、宇都宮城も落城したあとであった。

その後、彦根藩兵は日光に駐留して、会津藩領に入った大鳥軍が日光奪還をめざす攻撃を防いだ。次に戦闘が東北へと移ると、彦根藩兵も日光から白河（福島県）へと進軍する。途中、浅川（福島県）では敵兵から攻撃を受け、永胤の属した部隊の隊長平川新や仲間がここで命を落としている。引き続き彦根隊は北進して二本松城の攻略に向かう。永胤が属した部隊は土佐藩兵・大垣藩兵らとともに二本松城から約一〇㎞南の本宮《もとみや》に布陣すると、敵の奥羽越列藩同盟軍から攻撃を受けた。この戦いで永胤は三人の敵兵を討ち取る戦功をあげる。そのうち一人は一対一の接戦で敵兵を斬り倒した。『懐旧記』には「そのとき敵が私をにらんだ顔色は今なお忘れることはできない」と記す。

このときの戦功が評価され、戦後、永胤には八・八石の賞典録が下されている。戦場での活躍によって永胤の名が藩の上層部に知られるようになり、留学へとつながっていく。

軍人を目指す 奥州から兵を引き、永胤が帰った先は長浜の仮住まいであった。戊辰戦争がはじまると、江戸常駐の藩士家は戦火を避ける意味もあって彦根に住まいを移していた。相馬家もその対象となり、慶応四年二月に江戸から彦根へと居を移したが、当初は長浜に仮住まいしていたのであった。永胤は戦地で皮膚病にかかっていたため、数か月かけて療養したあと、明治二年(一八六九)には東京に出て安井息軒《やすいそっけん》の塾に入門して漢学を学んだ。安井は昌平坂学問所の学頭を務めたこともある儒学者である。

ここで学びながら、永胤は進路について考えていた。まずその進路として希望したのは兵学を研究する軍人である。明治政府は富国強兵をスローガンとしており、永胤もそれに応えようと軍人を目指したのであった。そこで、大坂の陸軍兵学校への入学を希望した。しかし一緒に入学試験を受けた大海原尚義だけが合格し、永胤は身体検査の結果、不合格に終わった。そこで、薩摩の兵学校を進路として選ぶ。当時、西郷隆盛が薩摩に兵学校を開いており、各藩からの留学生を受け入れていた。永胤はここに入学して薩摩で学問に励み、西郷隆盛をはじめ薩摩の人々から薫陶を得た。

アメリカへの留学　明治四年、政府は十五の藩から二人ずつをアメリカへ視察に派遣することを決定し、彦根藩は大東義徹と永胤の二人を選出した。その連絡を受けた永胤は薩摩から横浜に向かおうとしたが、途中の長崎で一週間の足止めを余儀なくされた。薩摩でのトラブルから取り調べを受けることになったためである。ようやく横浜に到着したのは出発の前日とあって、持参する物を準備する時間もないため出発は断念せざるを得なかった。

せっかくの海外視察の機会を逃してしまったが、永胤は別の方法で海外へ出る方法はないかと考えた。そこで、彦根藩邸に出向いて留学の希望を伝えたところ、その熱意に動かされた大参事谷鉄臣の計らいによって、藩費をもってアメリカへ留学することが認められた。明治四年六月、留学の免状が交付された永胤は、横浜からアメリカに向けて出航した。英語はまだ話せなかったが、横浜でヘボンの字書『和英語林集成』を入手し、これを頼りにアメリカへ渡ったという。二十三歳のことであった。

サンフランシスコに滞在して英語を身につけていたところ、岩倉具視を団長とする使節団がサンフランシスコにやってきた（明治四年十二月）。永胤はこの使節団が大陸を横断するのに同行してニューヨークへとたどり着く。

当時の永胤は軍人を目指しており、陸軍大学への進学手続きをとろうとした。しかし入学を希望したニューヨーク州ウエストポイントの陸軍大学は外国人の入学を許可していなかった。そのため、永胤は進路計画を立て直し、法律・経済を学ぼうとするが、このころ眼病にかかっていて読書することもままならなかったため、やむなく農学へと方向転換を試みた。

ニューヨークでは懐かしい顔ぶれとの再会もあった。当時、政府は華族の西洋遊学を奨励しており、旧彦根藩主である井伊直憲も約一年をかけてアメリカ、ロンドン、パリを巡った。直憲は明治五年十二月にニューヨークに到着しており、翌年三月にイギリスへ出立するまで、永胤はいろいろと彼らのために世話をして、ワシントンやナイアガラへの巡見に同行している。永胤にとっても、直憲と親しく接する機会となった。

直憲一行が去ってまもなく、永胤は苦境に立たされる。明治六年七月、永胤のもとへ文部省から学資停止の通知が届いたのである。明治四年の廃藩により藩費留学生は文部省の所管となっていたが、留学生は全般的に修学態度の評判が悪く、財政を圧迫することもあり、政府は海外留学に対して消極策へと転じていた。これに伴い、これまで永胤へ与えられていた学資はストップされることになり、帰国を命じられたのである。滞在を続けようとするなら、自費でまかなうしかない。永胤は何とか留学費を工面しようとしたが、それもかなわず、一旦帰国する道を選んだ。

帰国した永胤は、彦根に戻ると学資調達の相談をした。すると、井伊家では、戊辰戦争の功により下賜された賞典録の一部を積み立てて義務金と称し、旧藩士の教育などに用いることとしており、その中から永胤へ留学資金を給付することが認められたのである。義務金の取り扱いに関わっていた石黒務・西村捨三・大東義徹らが永胤への給付を斡旋したという。西村は直憲の西洋遊学に随行しており(→73頁)、ニューヨークでの永胤の働きを目にしている。

　これにより再度留学する道が開けた。

アメリカで法律学を学ぶ　このとき永胤は二人の少年を伴いアメリカへ旅立つ。一人は井伊直《なお》達《ゆき》(井伊直憲の末弟、十七歳)、もう一人は石黒太郎(石黒務の長男、十五歳)である。井伊家では、次世代を担う少年を留学させるにあたり、留学経験のある永胤を後見人として同行する役割を与えた。そうすることで、永胤へ費用を支出する大義名分ともなったと思われる。

渡米中の相馬永胤(専修大学大学史資料室蔵)
井伊直達(左)・石黒太郎(右)と

　明治七年四月に彼らの留学許可が下り、永胤は再び横浜からアメリカへと出航した。三人はニューヨーク州のピークスキル学院に入学し、永胤は商業課程に学んだ。商業課程を一年で修了すると、翌年、ニューヨークに出てコロンビア法律学校に入学し、本格的な法律学の勉強を始める。コロンビア法律学校はニューヨーク州でも学生数の多い大学(college)で、一学年二六〇人もおり、日本からの留学生もいた。

ここで永胤は、政治学、各種法律、訴訟裁判などについて学んだ。正規の授業で学ぶ以外に、模擬裁判を目的とするバーナード法律クラブに入会して勉強を重ねた。さらに、これに倣って日本人留学生が集まって「日本法律会社」を設立する。「会社」という名称であるが、学生仲間で組織した自主的な勉強会である。

こうしてコロンビア法律学校で二年間学び、法学士の学位を得て卒業した（明治十年五月）。卒業後はエール大学の法科大学院に進学して、法律学・経済学をさらに研究する道を選んだ。

永胤はコロンビア法律学校卒業から大学院入学までの夏休み三か月をニューヘブンで過ごす。ここには留学生仲間の津田純一《つだじゅんいち》、箕作佳吉《みつくりかきち》、田尻稲次郎《たじりいなじろう》、目賀田種太郎《めがたたねたろう》らが集い、ピクニックに行くなど夏休みを楽しんだほか、日本法律会社の活動に関する相談を進めており、翻訳の仕事をしたり演説の練習も行った。このときの相談が日本で法律を教える学校つまり専修大学の前身である「専修学校」設立につながっており、ニューヘブンの夏休みは永胤の将来の方針を決める重要なものとなったといえるだろう。

明治十年、エール大学法科大学院に入学すると、法律を実地で勉強するかたわら、経済学を学んだ。エール時代には、法律事務所で実務修習を行い、また、法律用語辞典の翻訳に取り組むなど、帰国後のことを念頭に置いて活動していることがうかがえる。エール大学で二年間を過ごし、明治十二年、井伊直達を伴って帰国した。

法律家としての活動　帰国した永胤は二つの事業に取り組んだ。一つは自身の法律事務所を設立して代言人（弁護士）として活動することである。その事務所は東京銀座の煉瓦街に置いた。政府が整備した文明開化を象徴する場所に事務所を構え、アメリカ領事裁判所での弁護士免許を得た。当時、日本に居留する外国人には領事裁判権が認められ、領事裁判所において本国の法律で裁判を受けることができた。不平等条約として問題となっていた条項である。領事裁判では本国人に有利な判決が下されることも多かったため、永胤はアメリカで身につけた法律・裁判の知識を生かして、日本の利益のために弁護活動に従事しようとした。まもなく、元老院に雇われて法律取調・起案等の事務に従事し、その後、司法省付属の代言人となっている。アメリカの大学で法律を学んだ永胤は貴重な存在だったことであろう。

専修学校の創立　もう一つ取り組んだのは、アメリカで学んできた法律・経済を教える学校を設立することであった。そのことはアメリカ滞在中から仲間と相談しており、帰国後まもなく動き出した。ただ、自力で学校を設立するには時間をかけて準備する必要があるため、すぐに開講できる場を求めて福沢諭吉を訪ねたところ、福沢が開いた慶応義塾に夜間法律科が開設されてそこで教えることになった。当時、欧米の法律を教える教育機関は東京大学しかなく、そこでは英語で授業されていた。それに対して、慶応義塾の法律科はアメリカで学んできた永胤らが教える

東京・銀座に建つ「専修大学発祥の地」石碑

日本初の日本語による法律学の専門教育機関と位置づけられる。

ほぼ同時期に、東京大学法学部出身者が開いた代言人事務所「東京攻法館」でも法学授業を開始していた。その講師を務めていたのが増島六一郎（→119頁）である。しかし、明治十三年の法改正により、教育機関が代言人活動を行うことは禁止されたため、これを吸収合併して新たな学校を設立しようとした。

このような経緯をたどり、明治十三年九月、専修学校が開校した。現在、専修大学では永胤と田尻稲次郎・目賀田種太郎・駒《こま》井《い》重格《しげただ》の四名を創設者としている。いずれもアメリカ留学中に親交を深めた仲間である。この学校は二年制の法律経済専門学校で、この種の私立専門学校としては日本初であった。

裁判官から銀行家へ　代言人として活躍していた永胤に制度の壁が立ちふさがる。代言人制度が改正され、代言人業務を継続するには試験に合格することが求められた。また、司法省付き代言人制度も廃止されることになったので、永胤は代言人を廃業して裁判官へと転身した（明治十四年三月）。しかし政府や外国人に関わる訴訟では司法卿が判決に関与しており、裁判官は独立した判決を下せない。これを不服として、永胤は裁判官をわずか一年で退官した。ただし、退官した翌月には横浜正金銀行の官選取締役に任命されており、銀行家への転身が内定して退官したのであろう。

明治十五年から二十年まで、永胤は横浜正金銀行の官選取締役としてその経営にたずさわった。横浜正金銀行は、明治十三年、外国貿易での円滑な取引を進めるため、外国為替銀行として設立された。国際金融機関という特殊な目的をもつため、政府は資本金の三分の一の株式を引き受け、外国為替資金を委託してその運用を許可するなど、特別の保護を加えた。そのような関係から、大蔵省は官選取締役を派遣してその業務を監督させたが、永胤はその一人に選ばれたのであった。当時は、明治十四年の政変によって大隈重信《おおくましげのぶ》が政府を去り、代わって大蔵卿に就いた松方正義《まつかたまさよし》によって緊縮財政へと転換が図られていた。松方財政の課題はインフレを収束させて銀兌換制度を確立することにあったが、そのためにとられた政策の一つに横浜正金銀行の輸出荷為替を利用して正貨(銀貨)を備蓄するというものがあった。

外国為替の仕組みを構築　横浜正金銀行の設立発起人は横浜の貿易商人が多くを占めており、設立当初の経営状態は悪く、外国為替の仕組みは充分に整備されていなかった。官選取締役に就いた永胤の仕事は、経営の正常化と外国為替の仕組みづくりであった。まず、松方大蔵卿のもと、新任の原六郎頭取とともに経営改革を実施した結果、再建に成功した。

旧横浜正金銀行本店　重要文化財
相馬永胤の頭取時代に完成。現在は神奈川県立歴史博物館となっている。

ついで、永胤はロンドンに渡って支店を開設する。永胤に与えられた仕事は、通貨の異なる海外との貿易をスムーズに行うための仕組みづくりといえる。生糸輸出では、それまで外国人貿易商を介在して販売していたが、海外業務を統括するロンドン支店を設置して、日本商人が直輸出してその代金を外貨で受けとる外国荷為替の仕組みを構築した。その結果、取引が円滑となり貿易の推進に寄与した。また、それまで政府は海外での政府関係資金の取り扱いを外国銀行に委託していたが、それを正金銀行が引き受けることになり、生糸輸出で獲得した外貨をもって政府の対外支払いに充てる体制を築いた。これにより、松方財政の政策目標であった輸出荷為替を利用しての正貨備蓄が達成された。永胤の仕事が松方財政を成功に導き、財政・経済の再建と国の近代化に寄与したということができる。

日本の発展を金融面から支える

明治二十年に官選取締役の制度が廃止されると、永胤は正金銀行を去ることになるが、実績を惜しまれて株主総会により取締役に選任され、引き続きその経営に携わった。一時期、派閥抗争の影響で株主総会での取締役改選で落選して退任した時期もあるが、すぐに法律相談役として招聘され、次期には取締役に再選し、明治三十年には頭取に就任した（四十八歳）。明治三十九年までの九年にわたり頭取を務め、退任後も引き続き取締役を続けており、生涯正金銀行の経営に関わり続けた。

取締役としての永胤は日本銀行や政府・大蔵省との交渉、取引商社の破綻応対などにあたった。特に、頭取に就任した明治三十年頃は、日清戦争が終わり台湾や大陸へ市場が拡大する時期にあたっていた。さらに日清戦争の賠償金の受領、金本位貨幣制度の採用、日露戦争といった要因により、日本の貿易額は上昇して著しい経済成長を遂げ、正金銀行の業務も膨張した。永胤はこのような時期に最高責任者として正金銀行の采配を振るったのである。

正金銀行に浸透した「相馬魂」

永胤のもとで働いた正金銀行の部下による永胤評を拾ってみた。

「正金銀行を、ひとは海外関係のハデな銀行とみていたようだが、事実は堅実で信用第一に危道を踏まぬことを、つねに相馬頭取から教えられていた。だから行内には〝相馬式〟というものがあった。厳格で公私の区別がやかましく、侃諤の議論が猛烈だったが、相馬魂が行内にゆきわたっていて、それが経営の基礎をなし、外の信頼度も高かった。」（児玉謙次、第十二代正金銀行頭取）

「相馬さんが明治三十九年頭取を辞して平取締になってからも、相馬さんの発言は歴代頭取にこたえた。行員には厳格なあまり恐がられ、私もよく叱られたが、それでいて温情があり、こちらの気持ちをのみこみ諒解が早かった。」（同右）

「翁（永胤）が古武士的な風格を有し、廉直剛毅一見慷慨家然たり、お世辞もなく又人の追従などを喜ばない。それで、知らぬ人には取付きが悪く、はなはだやかましく見えます。しかし厳格の中にも十分の親切というものがこもっており、一面では平面的で固くるしくないのです。」（安部成嘉秘書、頭取時代の欧米旅行に随行）

職務に対しては厳格であるが、部下からの信頼が厚かった様子がうかがえる。

専修大学の学風「質実剛健・誠実力行」も永胤のこのような人格を反映して築かれたものであろう。

衆議院議員に当選　明治二十二年に大日本帝国憲法が公布されると、帝国議会が開設されることになり、明治二十三年七月に第一回の衆議院議員選挙が行われた。このとき永胤は郷里からの推薦を受け、滋賀県第四区から立候補することになった。

滋賀県は全四区にわかれ、第四区は湖北の東浅井郡・伊香郡・坂田郡を選挙区とする。永胤はそれまで政党とは関係なく、政治家となって国家のために行動しようという希望を抱いていた訳ではないが、同郷の親友や選挙人の勧誘により、立候補を決意したという。その判断に大きく影響を与えたのは、大東義徹である。大東は彦根町などを含む滋賀三区から出馬しており、永胤は大東とともに国家経済の方面で尽力しようと決心して立候補を承諾したと記す。投票結果は、一七五五票を獲得した永胤の当選となった（四十一歳）。

当選後は大東らと行動を共にし、比較的政府に近い院内会派「大成会」の一員として活動した。しかし、予算審議など国会の論戦が交わされる中、永胤は健康を害していた。明治二十四年一月九日に不参届を出して以来静養していたが、病状はしだいに重くなっていく。そのため、病気療養に専念するため議員辞職を決意し、二月二十七日に辞職願を衆議院議長に提出した。その文面には脳充血という病名が記されている。

当選してからわずか七か月後の辞職であった。

辞職後、体調が回復しても政界には未練がなく、専修学校の校長と、横浜正金銀行の取締役（明治三十年からは頭取）として充実した活躍をみせている。

井伊直弼銅像の建設　アメリカ留学から戻った翌年（明治十三年）二月、永胤は約三十人の彦根藩士族たちとともに井伊家に招かれた。この集まりが大変よかったと感じた永胤は、東京在住の旧彦根藩士らが一堂に会する会合を開くことを提案し、その後、定期的に彦根人の会が開催されている。

井伊直弼の記念碑建設の計画も、この会で話が持ち上がり、推進されていった。永胤の日記によると、明治十四年五月の会で建碑計画について話し合われている。永胤が建設後に書き残した沿革書にも「直弼公記念碑建設ノ議ヲ起」した時期を「明治十四年春夏」と記しているので、五月の東京での彦根人会がこの事業の発端と考えて間違いないだろう。建碑計画は彦根にも伝えられ、六月に武笠資節らが楽々園で大会を開いて記念碑建設の協議を進めている。彦根では時期尚早との反対意見も出たが、九月には建碑趣意書や規約が制定されて記念碑建設への賛同者が募られた。建碑場所は、上野公園・芝公園・靖国神社周辺が候補地として挙がり、交渉したがいずれも許諾を得ることができなかった。そのため、これ以外の候補場所として挙がっていた横浜の戸部不動山の話を進め、土地所有者である鉄道局に対してその土地の払い下げを願ったところ、明治十七年一月にその許可がおりた。そこで記念物の設計に取りかかり、賛同者を募って事業が進展していたところ、政府からの圧迫があり、建碑は一時中止せざるを得ない状態となってしまった。

永胤は建碑委員の中でも積極的に活動していた。明治十五年一月、両国にあった料亭・中村楼での井伊家主催の新年会では、永胤が建碑について演説したという。その翌日には、建碑委員諸氏とともに東京・横浜の候補地へ視察に出かけている。

その後しばらくは建碑に向けての活動はストップしていたが、明治四十年二月になり再び動き出した。二年後の明治四十二年が横浜開港五十年となることから、これを好機ととらえた発起人たちは、初志貫徹しようとして趣意書を作成して同志を募り、戸部山への銅像建設に着手した。

このときも永胤が中心となっている。永胤が横浜正金銀行に勤めていた関係からであろうが、

創建当時の井伊直弼銅像
『京浜所在銅像写真第１輯』より
（国立国会図書館蔵）

建設用地の視察、台座制作者との打ち合わせ、横浜関係者への根回しなどは永胤が中心となって行っていたようである。台座を設計した妻木《つまき》頼黄《よりなか》は明治を代表する建築家で、永胤とはアメリカ留学時以来の親友であった。その関係で横浜正金銀行本店も妻木が設計している。また、銅像の除幕式で演説を行った大隈重信には、明治四十年五月の段階で相談を始めていた。建碑委員との協議は頻繁に行われ、少なくとも一週間に一度は会合を開き、そのほかにも昼夜を問わず会談している。特に永胤の日記には堀部久勝（井伊家家令）と大海原尚義の名前がよく登場する。そのような永胤に対して、井伊家では明治四十年以降、年末になると毎年、建碑奔走費一〇〇円を永胤に渡したが、永胤はその都度返却したという。

銅像は明治四十二年、開国五十年にあわせて完成し、七月十一日、その除幕式が開催された。千人以上も招いた式典では、永胤が銅像建設委員総代としてその報告文を読み上げ、大隈重信とイギリス領事ホールの二名が祝辞を述べた。

除幕式は本来、開港記念の式典が行われる七月一日を予定していたが、伊藤博文・井上馨・松方正義ら薩長出身の元老たちがこの日に除幕式を行うなら開港記念式典を欠席すると横浜側に圧力を加えたため、延期することになった。そのような厳しい状況がありながらも銅像建設を無事成し遂げられたのは、永胤が正金銀行の職務の中で政府要人や横浜の有力者と付き合いがあり、そのような人脈を活用したことが大きいだろう。

井伊家の相談役　井伊直弼の銅像建設を成し遂げた明治四十二年の時点では、井伊直憲はすでに亡くなっており、井伊家の当主はその息子の直忠《なおただ》が就いていた。若い当主のもと、井伊家の家政運営には井伊直安（直憲の弟、子爵）や松平頼寿（伯爵、母は直弼娘の千代子）ら井伊家の親族と、彦根藩士族の中から選ばれた相談役らが関与していた。

明治四十三年頃、井伊家では問題を抱えており、相談役会を開く必要が生じた。当主直忠が正室を迎えず、同年七月には身のまわりの世話をしていた女性との間に双子の男子が誕生しており、彼らの処遇が相談役会で議論されたようである。

永胤は松平頼寿から相談役への就任を要請されたが、彦根在住の元上級家臣層が反対したらしく、一度は辞退している。しかし、中央政界にも広く人脈を持ち、直弼銅像の建設でも尽力した永胤は、井伊家にとって必要な人物と認識されていたのであろう。明治四十三年十一月、相談役就任を受諾した。

　このとき同時に相談役を引き受けたのは、三須・中村・日下部・水上と木俣という。三須・中村は、軍人で華族に列せられていた三須宗太郎《みすそうたろう》（海軍）・中村覚《なかむらさとる》（陸軍）、日下部は書家の日下部鳴鶴、水上は当時大阪控訴院（今の高等裁判所）検事長で、のちに貴族院議員にもなった水上長次郎、木俣は筆頭家老木俣家の当主木俣畏三（男爵）であろう。

　双子の男子は二・三歳の頃に井伊家の嫡子と認められたということなので（井伊直愛・直弘）、その間、相談役会で議論を続けたと思われる。

　その後、永胤は一旦相談役から退いていたようで、大正十年十二月に再度相談役に就いている。直前に三須宗太郎が死去しており、その後任として引き受けたのであろう。

晩年も精力的に　明治三十九年、永胤は五十九歳で横浜正金銀行の頭取を退いた。頭取としては九年、それ以前の取締役時代からかぞえると二十年以上、銀行経営の職責を果たしてきた。後任には当時日銀副総裁の高橋是清《これきよ》（のちの総理大臣）が就任している。ただし、永胤はこの後も取締役として正金銀行に関わり続け、亡くなるまでその任にあった。

　一方、専修学校では、引き続き校長を務めている。明治四十三年には創立三十周年を迎え、同年は永胤と田尻稲次郎（創立者の一人）の二人が還暦を迎えることから、門下生らが二人の学校創立以来の業績に感謝して、還暦記念書庫を建設し、あわせて中に収容する記念文庫をつくることを決めた。記念文庫の開設にさきだって、永胤は法律経済に関する蔵書を専修学校へ寄付し、記念文庫に収められた。その目録によると、和書一七冊、洋書一〇四冊、洋雑誌二五八冊、和雑誌七五三冊にものぼる。さらに、専修学校は大正二年に私立専修大学と改称し、永胤は初代学長に就く。

このほかには、大正二年に日本興業銀行の監査役に就任している。この銀行は国内重工業への融資を行うために特別な法律に基づいて設立された政府系金融機関であり、銀行家としての長い経験を買われての就任といえる。

大正七年には、維新史料編纂会の委員に就いている。維新史料編纂会は明治四十四年、勅令によって設置されたもので、明治維新史料の蒐集と編纂を目的とした。委員には旧幕臣・諸藩代表が就任しており、永胤は彦根藩代表として参加したものである。

このように、永胤は晩年まで各種の役職に就き、精力的に活動していた。大正十二年には関東大震災により専修大学、横浜正金銀行とも大打撃を受け、その対応に永胤も奔走する。専修大学の校舎は焼失してしまい、下戸塚の相馬邸を大学の仮事務所として提供している。

年が明けた大正十三年、永胤は年始から健康がすぐれなかったところ、一月二十六日、沼津別荘にて七十三歳の生涯を閉じた。

「交」の人　永胤の人生には、幕末から近代に変革する彦根藩のトピックスが詰まっている。相州警衛、ペリー来航、桜田事変、戊辰戦争、洋行……。

相馬永胤の揮毫「交以道接以礼」
（専修大学大学史資料室蔵）

それらを体験し、彦根藩のおかげで多くの学習機会を与えられ、留学もできたと恩義を感じていた永胤は、国家のために働くことでそれに報いようとした。法律学校の設立も、法律家から横浜正金銀行へ転身して日本の対外貿易を支える金融の仕組みを確立させたのも、根幹には同じ思いがあったことがうかがえる。

永胤が多くの事業を成し遂げた要因には、人との交わりを大切にした点が挙げられるだろう。旧藩主井伊直憲を囲む彦根藩関係者の会、銀行家仲間の会、政財界重鎮の親睦会に顔を出し、時には幹事も引き受けた。晩年には、春になると下戸塚の相馬邸（現在の新宿区立甘泉園公園）に大学や正金銀行の関係者、友人を招いての盛大な園遊会を催している。招待者は一五〇〇人を超え、学生まで参加して、親交を深めた。

永胤の書に「交以道、接以礼（道を以て交わり、礼をもって接す）」というものがある。交友を大切にした永胤らしい揮毫といえよう。

コラム

井伊家と家政機関

明治時代になり、井伊家は彦根藩領を統治する領主としての仕事を失い、華族として生きることになる。それでも旧藩士や旧藩領とのつながりは保ち、家の運営に旧家臣が関わった。相馬永胤が就いた相談役は重要事項について意見を述べる役割であるが、そのほか日常的に井伊家屋敷に勤務する家政職員もいた。

当主井伊直憲は明治四年の廃藩後、家族とともに東京へ移住した。華族は東京に居住することが求められたためである。直憲は彦根藩知事に任命されている間は彦根居住が許されたが、その職が解かれたため彦根を離れる

井伊神社の参道脇に建つ井伊直憲公顕彰碑

ことになった。

直憲は九月二十三日に彦根を出立するにあたり、旧家臣へ文書で別離の言葉を残した。そこでは、政治改革の趣旨を理解して新政府に従うようにと諭すとともに、先祖以来井伊家に貢献してくれた謝意をあらわし、才能技芸を磨くようにと説いた。

直憲の彦根出立から約二か月後、十一月に正室の糦宮《もりのみや》宜子《よしこ》（有栖川宮熾仁親王の妹）は生後二か月の長男弘太郎を連れて彦根を離れた。産後間もない宜子や新生児のことを考えてであろう、十五日間の行程で東京へ向かった（弘太郎は東京到着後まもなく亡くなる）。

東京での井伊家本邸は、当初は千駄ヶ谷邸（江戸時代の井伊家下屋敷）に置かれた。その後、明治八年に麹町区一番町（千代田区）へと移す。ここは江戸時代には旗本屋敷地であったが、外桜田にあった上屋敷などが新政府に接収された代わりに与えられたものという。

この移転は家政改革の一環であった。このころの井伊家は秩禄処分により収入が激減し、従来のように多くの職員を抱えることができなくなった。東京移転直前には、家政職員は家令一名、家扶三名、家従十二名という構成であったが、東京移住後にはその半数ほどに減少していたようである。家政職員トップの家令は、東京移転前からの田中央がそのまま勤め、ついで直憲の洋行に同行した西村捨三が明治七年から九年頃に就いたが、その後任は置かず、直憲みずからが家従を指揮して家政を執ることにした。その代わり、重要案件が生じたときに相談する人物をあらかじめ決めておいた。西村と谷鉄臣・田部密が明治十一年までこの役に就いた。つまり、専任職員はできる限り削減し、必要な場合に他で活躍する者が集まり協議する体制へと改めたということである。

家政改革の中で、運営について明文化した規定を設けたようである。その当時の名称は不明であるが、明治三十五年には「家憲」と呼ばれ、その改訂は相談人会で協議されていたことが確認できる。相馬永胤が明治四十三年と大正十年に就任した相談役もこの流れを汲む役といえる。明治四十三年十二月一日には家憲の施行式が執り行われており、永胤も列席している（「相馬永胤日記」）。おそらく、家憲の改訂には相談役会の合意が必要であり、永胤は改訂に責任をもつ相談役として家憲施行式に列したと思われる。

なお、家令は一旦廃止されたものの、明治十三年、彦根中学校の開校に尽力した堀部久勝が開校を見届けると東京へ出て、家令に就任したという。家令不在では不具合が生じたのであろうか。堀部の名は相馬永胤が井伊直弼銅像建設に奔走していた明治四十年頃にもその日記に頻繁に登場しており、明治四十二年に死去する直前まで長年にわたり家令を務めていたと思われる。

一方、彦根にも井伊家の家政運営を担った者がいた。龍宝寺《りゅうほうじ》清人《きよと》・花木伝《はなきでん》・大久保章男《あやお》の三名（明治十二年に龍宝寺が病気になってからは花木・大久保の二名）である。中でも大久保は、千松園（元の松原下屋敷）に住み込みで勤務した。彼らの主な仕事には、井伊家財産や道具類の管理、井伊家ゆかりの寺社への代拝、彦根周辺に住む井伊家親族との交際、東京本邸との連絡・情報交換の窓口などがあった。

7

英吉利法律学校（現中央大学）を創立、日本弁護士界の草分け

増島六一郎《ますじまろくいちろう》

安政四年―昭和二十三年（一八五七―一九四八）

（中央大学資料館事務室蔵）

増島六一郎は、日本の法学界に偉大な足跡を残した人物として、その世界では著名な人物である。

よく知られる業績として、中央大学の前身である英吉利法律学校の初代校長が挙げられる。学校を設立して多くの者が法律を学ぶ機会を与えた。それだけでなく、『裁判粋誌《すいし》』という大審院判決の判例集を編纂し、「正求律書院」という法律専門図書館を設立するなど、現在の法律家や法学研究者にも活用されている法学書の整備に尽力した。弁護士としても活躍し、外国が関わる企業案件を主に扱った。日本に弁護士という職業を根付かせた側面もあり、日本弁護士界の草分け的存在と評価されている。

明治政府は憲法や各種法典を制定して立憲国家をめざした。増島の活動は、法治国家に必要な人材を育て、法律に基づいて社会生活が営まれる素地を築いたものといえるだろう。

生い立ち　増島家は代々彦根藩士の家柄である。初代が大坂の陣後の元和年間（一六一五―一六二四）ごろに召し抱えられて以来、代々二百石取として作事や財政関係などの実務的な役職を歴任する一方、弓術師範を務めていた。

六一郎の父高敬は、若いときから彦根藩藩校の稽古館（のち弘道館と改称）の素読方、その後は物主兼書物奉行といった藩校全般をつかさどり学生を監督する役職を勤め、その後は目付役、京都留守居役などを歴任したあと、安政二年（一八五五）に隠居して養子の高茂へ家督を譲った。六一郎が生まれたのはその二年後、安政四年のことである。高敬六十一歳のときの子であったため六一郎と名付けられたという。住まいは内大工町（中央町）、高宮口御門のすぐ西にあった。

六一郎は幼少期より学問を好み、藩校弘道館に入って勉学に励んだという。藩校では手習い、素読といった伝統的な武家の初等教育を受けたのであろう。当時から非常に優秀だったと伝わる。

東京大学で学ぶ　六一郎の上京に関して、次のような逸話が残る。藩校で学ぶこと数年、東京に遊学しようと考えた六一郎は、親友二人とともに家を脱したが、跡を追ってきた兄より、その志は評価するが勝手に藩を脱することは法令に違反するため、一度戻り藩の許可を得てから出て行っても遅くはないと説得され、一旦帰宅し、その後まもなく藩の許可を得て、藩から学資を得て上京したという。上京したのが明治三年（一八七〇）、十四歳のことであるので、出奔しようとしたのはその少し前のことであろうか。明治二年には将軍から与えられた領地を大名が支配し、その家臣である藩士が領地支配にたずさわるという関係が廃止され、土地・人民は天皇のものとされた（版籍奉還）。主君から知行を与えられて生活してきた藩士の地位を脅かす政策が新政府から次々と発信されて社会が変わりゆくのを感じ、六一郎は政治の中心地に出て行こうと決意したのであろうか。少なくとも、彦根でこのまま学ぶことを良しとしなかったということであろう。

上京した六一郎は先輩藩士の田部密から英学を学ぶように勧められ、明治五年、外務省直轄の外国語学校に入学した。この学校は翌六年に文部省の開成学校に合併されたため、六一郎は開成学校で学ぶことになった。開成学校は文部省が設置した官立の大学であり、外国人教師により法律・化学・工業などの専門科目が教授された。ただし、予科三年で専門予備教育を受けたのち、本科三年で専門教育を受けることになる。六一郎は、明治六年十一月には英上等英語学第一級から工業学予科第六級へと進級し、翌七年九月には学科等級の改正があり、法科の予科三級に属した。

六一郎は開成学校時代にある事件を起こし、校長から退校を命じられている。明治九年、仲間とともに飛鳥山公園（東京都北区）へ出かけて酒に酔い、寮に戻ると寮生活を監督する舎監の者を殴打したというのである。日頃の舎監に対する不満が爆発してのことであったという。結局、翌月には再入学を許されているため、彼らの主張は実質的に認められたのであろう。暴力に頼ってしまったが、不当な行為に対して声を上げる正義感ある性格が見て取れる。

明治十年四月には、東京開成学校と東京医学校が統合されて東京大学となる。このとき六一郎は法学部の本科生として学んでおり、明治十二年七月には第二回卒業生の主席として法学士の学位を授与された。

六一郎は新政府が設立したばかりの最高学府に学び、最先端の西洋の学問を身につける機会を得た。このような充実した学問の環境に身を置くことができたのは、何よりも本人の志と能力があったためであろうが、それに加えて、それを認めて東京へ送り出してくれた家族、さらに藩士子弟の遊学を推奨する藩の風潮があってのことといえるだろう。

イギリス留学へ　東京大学を卒業した六一郎は、東京大学予備門の教員を嘱託される。大学予備門は、東京大学へ進学する者に対してその予備教育を施す学校で、のちに第一高等学校（旧制一高）となった。また、同期生が設立した法律事務所攻法館では法律教育も事業の一つとしており、六一郎は攻法館で教育活動を担当した。しかし、明治十三年五月に代言人規則が改正され、法学教育機関が代言人（今の弁護士）活動をすることが禁止されたため、法学教育部門を切り離すことになった。ちょうど同時期、アメリカ留学から帰国した相馬永胤らが法律学校を創設しようとしており、攻法館もその法律学校に統合させて専修学校が設立された（明治十三年九月）。その翌月、攻法館の発展的解消を見届けたかのように、六一郎はイギリスへの留学へ出発した。

イギリス留学は三菱の岩崎弥太郎の援助によるものであった。六一郎は東京大学で学んだ二期生にあたるが、それより上級生の時代は国内での教育機関が整備されていないため、文部省は優秀学生を海外へ留学させた。明治八年と九年には、開成学校の学生がそれぞれ約十人ずつ海外留学へ派遣されている。のちに六一郎とも関わる穂積陳重《ほづみのぶしげ》や杉浦重剛《すぎうらじゅうごう》もこの制度により留学していた。しかし、東京大学ができたことにより、六一郎はそこで学ぶことになり、留学の機会には恵まれずにいた。
そのような六一郎ら東京大学卒業生に対して、岩崎から留学資金の援助がなされた。岩崎とは攻法館の運営資金を相談する中で知り合い、岩崎からもう少し勉学を極めるよう勧められて、留学することになったという。留学は一緒に攻法館を創設した同級生の山下雄太郎・磯野計《いそのはかる》（明治屋の創設者）と六一郎の三人が選ばれた。岩崎はかねてより人材育成に積極的であり、三菱に協力的な人材の確保をはかろうと、東京大学出身の法学士に眼をつけたという見方もできる。もっとも、その送別会の宴席で、磯野は岩崎弥之助（弥太郎の弟、三菱の副社長）へ「今回は（岩崎の）おかげでありがたく洋行はするが、帰っても決して三菱の奴隷となって働くことはないからそのつもりでよろしく」と宣言したという。それに対して岩崎は「そのようなことはどうでもよい、ただ行ってこい」という返事であり、岩崎からは、金は必要なだけ使ってよい、ただ、道理に合わない使い方はするな、とだけ言われたと伝わる。

ミドルテンプルで学ぶ　明治十四年一月、六一郎はイギリスに渡り、ミドルテンプルに入学する。ミドルテンプルは、ロンドンの中央、テムズ川沿いに建つ四つの法学院の一つである。他の学院に比べて、インドなどイギリス統治下の国の出身者が多く在籍しており、日本人が留学しやすかった。六一郎よりも先に、文部省留学生として穂積らが学んでいた。
ミドルテンプルでの勉学は東京大学で英法科を卒業した六一郎にとっても厳しいものであった。

その学科は難しく、与えられた課目について一人で研究しなければならない制度のため多大の時間と能力を要し、そのため身体を壊したこともあったと回想録に記している。

ミドルテンプルで学ぶこと二年四か月、明治十六年六月に六一郎はバリスター・アト・ロー(Barrister at Law)の資格を取得した。法廷弁護士と訳されるこの資格は、法廷の場で依頼人に代わって訴えや発言を述べる仕事である。イギリスの弁護士には、事務書類を作成する事務弁護士と法廷弁護士の二種類があり、全く仕事内容が異なる。法廷弁護士はもともと上流階級の子弟が就くような社会的信頼性の高い職業であり、ギリシャ・ローマの古典に通じた教養や、弁護士としての品性と高尚な人格が求められた。ミドルテンプルでは各種法律の専門課程に加え、そういったことも学んだ。

イギリス人であってもバリスター取得まで二年半から三年ほどかかるところ、ほぼ同じ期間で取得している。慣れない外国生活のなかで、一日も早く学問を修め、帰国して日本のために尽力しようと勉学に励んだ成果であろう。

バリスターを取得した六一郎は、しばらく法律事務所で実務を学んだのち、明治十七年七月に帰国した。

バリストル、法学士代言人　帰国した六一郎は、法学士の資格で代言人の免許をとると、「バリストル、法学士代言人」の肩書きをもって開業し、代言人の職に就く。

六一郎は「バリストル」という肩書きを好んで使った。当時の弁護士は「代言人」と呼ばれ、社会的地位は決して高いものではなかった。それに対して六一郎はイギリスで難関の「バリストル」の称号と、東京大学を卒業した「法学士」の資格を得ている。「学士」は大学を卒業した者に与えられる学位であり、大学進学率が五〇％を超える今日では珍しくはない。しかし、当時は「法学士」の学位を授ける大学は東京大学しかなく、法学部の学生は一学年十名前後であった。「法学士」がいかに希少な肩書きであったかがわかる。当時、この二つをあわせもつ代言人は他におらず、「バリストル、法学士代言人」はほぼ六一郎のみに許された称号であった。

六一郎は企業活動に関わる弁護士業務を専門とした。英語が堪能で英国法に通じていることを武器として、外国商人の代理人や外国人がもつ特許使用の代理人など、国際関係の分野を取り扱っている。親友磯野計が創業した明治屋、明治屋が一手販売契約を結んでいたキリンビール、日本初の外国資本との合弁会社として設立された日本電気（現ＮＥＣ）などにも関わったという。

六一郎が扱った案件の一つにノルマントン号事件がある。明治十九年、イギリス船籍の貨物船ノルマントン号が和歌山沖で座礁して沈没し、船長以下西洋人乗組員は救命ボートで脱出したが、日本人乗客全員が死去した事件である。船長らが日本人らを助けなかったという人種差別的行為に対して、世論は非難の声を上げた。当時、外国人に対しては日本に裁判権がなく、神戸のイギリス領事館で領事を裁判長として行われたところ、船長以下全員に無罪判決が下された。そのため世論は反発し、日本政府は船長を謀殺罪（業務上過失致死罪）で告発し、横浜にある上級審で裁判した結果、船長に禁固三か月の有罪判決が下った。この上級審で、六一郎はイギリス人バリストルとともに日本政府による告発の代理人を務めた。六一郎はバリストルの肩書きにより、イギリスの法廷に立ったということになる。

なお、ノルマントン号事件は、外国人に対して日本に裁判権がない領事裁判権の不当さを国民に痛感させることとなり、条約改正を求める動きが強まることとなったという意味で、社会に大きな影響を与えた事件であった。それほどの事件で日本政府が代理人に選んだのが六一郎ということであり、「バリストル」の肩書きだけでなく、国際問題を扱う弁護士として当時随一であったと評価されていたのであろう。

弁護士としては、イギリスから帰国して代言人の資格を取得した明治十七年から、昭和六年に引退するまで五十年近くも仕事を続けた。その事務所は東京だけでなく、横浜、神戸、上海にまで拡大させ、経営的にも成功を収めたということができる。明治二十四年には東京市麻布、現在の六本木ヒルズの地に五五〇〇坪の邸宅を構え、資産家にもかぞえられた。その資産は学校や図書館といった法学教育や、知人が興す事業への出資に費やされた。

法律教育への志　帰国後の六一郎は、代言人の職に就くかたわら、後進の育成にも積極的に関わった。

帰国後まもなく、東京大学の要請に応じて一年間は講師を務めたが、本意ではないため一年で辞めてしまった。当時の東京大学の教育は税金をもって政府のためになる人材を育成しようとするものであるとして、六一郎はその教育方針をよしとせず、それよりも、自分たちの力で新たに法律学校を創設する道を選んだ。

帰国後の六一郎が教鞭を執っていた学校に、明治義塾法律学校がある。この学校は、岩崎弥太郎が設立した三菱商業学校の流れをくむ明治義塾を私立法律学校として独立・拡大したものである。三菱商業学校は優秀な学生を集めて三菱の幹部候補生を育てようとした学校であるが、その教員が自由党の結成に参加し、政治法律などを学ぶ夜学の明治義塾を三菱商業学校の校舎を使って開校した。明治義塾は三菱商業学校とくらべて、修業年限、授業内容などで本格的な教育機関の体裁を整えていた。さらに、政治・法律の知識が社会の各方面で求められたため、法学教育に重点を置くようになり、明治十七年九月には、明治義塾は法学教育に特化する法律学校へと改変される。しかし、明治義塾の設立に関わった教師らは自由民権運動に参加しており、政府に批判的な政治活動を行う者が集まっていたため、政府から「謀反人の巣窟」と危険視された。一方、三菱商業学校も、松方デフレによる不況の影響で三菱からの出資が困難になり、明治十七年五月には廃校となっており、明治義塾法律学校も翌年には廃校となってしまった。

明治十八年四月、六一郎は岩崎弥太郎から三菱商業学校の跡地を買い取っている。これはこの地に新たな学校を設立するためであった。明治十八年七月、その地に六一郎を校長とする英吉利《イギリス》法律学校と東京英語学校が設立された。

英吉利法律学校の設立　英吉利法律学校の設立者には、東京大学法学部出身者や海外で法律を学んだ者十八名が名を連ねている。六一郎はその中心メンバーであり初代校長となった。

その設立目的は、東京府へ提出した「私立学校設置願」によると、日本語でイギリスの法律学を教え、実社会に生かせる法律家を育てようとする、とある。

英吉利法律学校の特色は、学校名のとおり、イギリス法の教育という点にある。当時の日本では英米法だけでなくフランス・ドイツの法学も取り入れており、他の法律学校はそれらを部分的に取り入れるカリキュラムであった。それに対して、英吉利法律学校では真に外国法を理解して役立てるためには一つの国の法律を体系的に教育して法理を深く理解する必要があるという考えに基づき、英米法を総合的・体系的に教育しようとした。

英吉利法律学校の設立趣旨には、イギリス法の書籍の刊行と、図書館の開設も掲げられている。六一郎ら維新後に高等教育を受けた第一世代は、まず英語など外国語を学び、外国人教師から講義を受けてきた。しかし、彼らが教育する立場となったとき、より多くの学生が教育を受けられるようにするため、語学教育から始めるのではなく、日本語での授業を行うようにした。また、授業内容を筆記した講義録の印刷刊行、原書を翻訳した書籍の出版、書籍を手軽に利用できる図

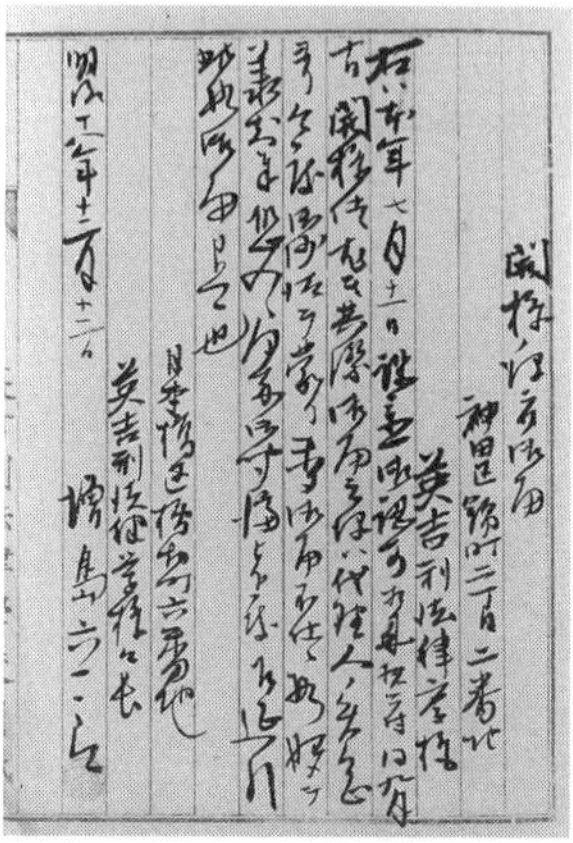

英吉利法律学校開校届
（中央大学資料館事務室蔵）

書館の設立を通じて、学習できる環境整備に努めたことも、英吉利法律学校の特色といえる。

英吉利法律学校は、明治十八年七月十一日に東京府から私立学校設置の認可を受け、九月十日より授業を開始した。通学して学ぶ校内生の入学資格は十八歳以上の男子で、三学年の課程である。開校時にはおよそ一〇〇人の生徒がおり、その後急速に在校生は拡大して、翌年には在校生は四〇〇人に達したという。また、現代の通信教育のような校外生制度もあり、開校一年後には校外生は一、〇〇〇人近くに及んだと伝わる。

教育者として　英吉利法律学校の設立趣意書には「実地応用の素を養う」と記されている。これは六一郎の教育方針を体現したものといえる。「実地応用」とは、単に実社会に役立つ「実学」を教えるという意味ではない。イギリス法はコモン・ローと言われ、慣習を積み重ねて法体系を築いていた。六一郎は、判例により成り立っており実社会と密接に結びついているイギリス法を学ぶことが実務に役立つと考え、その授業では判決文を読み込むことでイギリス法の根本理念を学生に会得させようとした。

六一郎は明治二十二年二月、新校舎落成式を兼ねた卒業式で次のように演説している。

教育の目的は、品位を尊きものとなし、美徳を高め、精神の諸力を練磨することにある。いかなる学科であれ体系的な教育というものは、こうした結果を導くものである。卒業生諸君が、本校で積んだ鍛錬によってどの程度の成果を得たかについては、来るべき数年の仕事ぶりによって明らかとなろう。諸君が常に心に銘記すべきものが一つあるとすれば、それは責任の観念である。これは法律家が用いる狭義の意味での責任ではなくして、社会の構成員としての社会的責任のことである。

(『超然トシテ独歩セント欲ス　英吉利法律学校の挑戦』より)

東京英語学校の初代校長　英吉利法律学校は廃校になった明治義塾の建物の北側半分を引き継いで設立されたが、同時期に同じ建物の南側半分を用いて東京英語学校が開校している。こちらも六一郎が校長に就き、校舎を共有する両校は姉妹校のような関係にあった。

東京英語学校は、高等小学校を卒業した者が英語・数学・漢文の基礎学力を習得して、東京大学予備門(のちの旧制一高)やその他の官立学校へ進学するための予備教育を受ける学校として設立された。

東京英語学校の設立を主導した一人に杉浦重剛がいる。膳所《ぜぜ》藩士出身で、開成学校を経て文部省留学生としてイギリスに留学後、東京大学予備門長を務めていた。東京大学予備門入学には英語・数学などの試験があったが、杉浦はその水準の英語を学ぶための予備校が必要と考えていた。

一方、六一郎は、英吉利法律学校は日本語で授業することになっているが、正当な英法教育は英語により行いたいと考えており、生徒に英語を修得させる学校を設立したいと考えた。このように、両者の思惑が一致して東京英語学校が創設されたということである。開校時、杉浦は東京大学予備門長に在職していたので、六一郎が校長を引き受けたが、実質的には杉浦が主導した。杉浦はまもなく予備門長を辞職し、英語学校の学校運営のほか、読売・朝日新聞の社説を担当し、新聞『日本』を創刊するなど、言論界に活躍の場を置いた。

英語学校の入学者は多く、夜学科も開設したが、明治二十三年に六一郎は校長を退き、杉浦が後任の校長に就いた。退任理由は、『中央大学百年史』は「六一郎の構想は必ずしも当時の潮流に沿ったものではなかった」とする。公職を離れた杉浦が名実ともに主導することになり、六一郎が身を引いたのが実際ではないだろうか。

英吉利法律学校新築校舎（明治21・22年）
（中央大学資料館事務室蔵）

明治二十二年には、六一郎の掲げた三学院連合構想により英吉利法律学校と連合する話が持ち上がるが、これが立ち消えになると、火災による校舎焼失もあり、移転して再建され、日本中学校へと名を改める。現在の日本学園中学校・高等学校の前身である。同校は私立名門校として知られ、卒業生には吉田茂（首相）・横山大観（日本画家）をはじめ政治・経済・文化芸術など各界で活躍した著名人が多くいる。その学校設立に六一郎も関与していたのであった。

帝国憲法発布の影響　明治二十二年二月十一日、大日本帝国憲法が発布され、翌年には第一回帝国議会が開かれた。明治初年以来、政府は欧米諸国の制度を取り入れて、憲法をはじめとする法律に基づく立憲国家を築こうとしてきた。憲法が制定され、帝国議会が開設されたことにより、ようやくその目標が達成されたということになる。また、政府の悲願である条約改正を成し遂げて領事裁判権制度を撤廃するために、ヨーロッパ流の法体系を取り入れた法典をもつことが求められた。そこで、まず明治十三年に刑法・治罪法が制定されたのをはじめとして、憲法とあわせて諸法典が整備されていった。

帝国憲法の発布と法制の整備は私立法律学校に大きな影響を与えた。一つは、法律の整備にあわせ、専門家を育成することが重要な課題となっており、政府が私立法律学校へ専門家養成の役割を与えようとしたことが挙げられる。当時の東京には「五大法律学校」と呼ばれる私立の法律学校が五校あった。英吉利法律学校のほか、相馬永胤らが創立した専修学校（現在の専修大学）、明治法律学校（現在の明治大学）、東京専門学校（現在の早稲田大学）、東京法学校（現在の法政大学）である。政府はこの五校を特別監督校として帝国大学の監督下に置き、科目、時間割、試験などを帝国大学総長へ提出させて統制した上で、卒業生が裁判官や官僚となる道を開いた。ただし、学校側からみれば規定に沿うように学内制度の改変を余儀なくされたという側面がある。

もう一つの影響は、法学教育の内容を国内法中心に再編する必要が生じたことであった。英吉利法律学校は英米法を修得し、その実際と応用を身につけ法律実務家を育成するという教育方針であったが、帝国憲法発布や国内法の整備により、国内法を教育に取り入れる必要が生じたのである。これは学校設立趣旨に関わる大問題であり、さらに学校名にも議論が及んだ。その結果、学校名は東京法学院と改めることになり、教育内容は国内法中心の法学教育へと移行した。校長は引き続き六一郎が務めた。

六一郎は校名変更にあわせて、三学院連合構想を公表した。これは、東京医学校、東京英語学校と連合して法・文・医の私立総合大学の設立をめざしたものである。東京英語学校は六一郎が設立に関わり、英吉利法律学校と同じ校舎を用いていた学校である。しかし、明治二十三年に公布された民法と商法の実施をめぐる論争（民法典論争）が起こると、東京法学院は施行反対派の拠点として、学校を挙げて施行延期運動を展開するようになった。そのため三学院連合の協議は進展せず、結局、構想は実現せずに終わってしまった。

東京法学院長の辞任　明治二十四年四月、六一郎は東京法学院長を辞任した。英吉利法律学校の開校以来約六年にわたり校長として学校経営にたずさわったことになる。

辞任して初めての卒業式となった明治二十四年十一月の第六回卒業式では、三三三人もの卒業生を送り出した。この卒業式には内務大臣品川弥二郎が祝辞を述べるはずであったが、病気欠席のため書翰が代読された。そこには、東京法学院の隆盛は人を驚かすほどのものであり、その要因を考えると、教師や教則の充実、立派な校舎ではあるがそれだけでなく「師弟の情誼」にあると述べている。教師が生徒を親愛し、生徒は教師を敬慕している関係が東京法学院には満ちあふれているということである。このように、施設やカリキュラムが充実して、学校運営が軌道に乗ってきた時期に、六一郎は院長の職を退いたのであった。

辞任の表向きの理由は代言事業が多忙ということであったが、『中央大学百年史』では「実際には三学院連合構想が実を結ばなかったことや「英法学者の梁山泊」とみなされた英吉利法律学校—東京法学院で少壮気鋭の「二癖も三癖もある理屈屋連中」を率いての学校経営に、いささか疲れを覚えたからであろう」と退任理由を推測している。一方、六一郎は自身の著書『醒めよ国民』の中で、「平凡なる法科大学たる中央大学として、文部の羈絆に服するの学校となり果て」と述べている。三学院連合による総合大学構想が実を結ばず法科の単科大学に留まっている現状に批判的な目を向け、政府・文部省の統制下に置かれるようになったことで自らの理念である英法の精神を教授する学校から教育方針が離れてしまったという思いを読み取ることができる。自身が理想として掲げた学校教育とは異なる方向へと向かい、熱意が失われてしまったことが辞任の理由としてうかがえる。

法律書の発行　六一郎の業績として、法律書・法律関係雑誌の刊行がある。その代表として取り上げるべきは『裁判粋誌』である。『裁判粋誌』は六一郎が編纂した大審院判決の判例集である。明治二十一年から毎月二回判例雑誌として刊行し、明治三十三年の終刊まで十年あまりにわたり発行された。後世の研究者から「判事、弁護士の護身刀」とも評されており、弁護士にとって必需品ともいえるものであった。六一郎が学んだイギリスでは、前の裁判例を引用して審理弁論に用いるため、判例集が作成されており、それにならって日本でも判例集が必要不可欠と考え、その編纂と刊行に着手したということである。同誌には事実関係や下級審判決にも触れているため大審院判決の先例的意義を正確に知ることができるものであり、また、大審院の判決録には欠落する部分がありそれを補充する重要な役割を果たしたとして、現代の研究者からも高く評価されている。

また、「法律協会雑誌」など法学・法曹界の雑誌にも寄稿しているほか、『英法辞典』（一九四三年）、『日本法令索引総覧』（一九三四年）などの編著書もある。

正求堂文庫の設立　六一郎が後世に残した事業として、法律文庫の設立がある。「法律の顕《あらわ》す正義の力に頼って世界平和を作る」というのがその信念であり、この目的を達するために、大正十三年、私費を投じて正求律書院《せいきゅうりつしょいん》という法律文庫を東京市麻布の自宅敷地内に建てた。書院名の「正求」とは、中国の古典『礼記《らいき》』の一節「射は仁の道なり、正しきを己《おのれ》に求む」

に由来する。家業であった弓術の原理から取られた言葉であるが、それは法律家にも通じるという意味であろう。

その蔵書には、六一郎が五十年にわたり収集してきた書籍に加え、書院設立を聞いた友人から寄付されたものもある。書院の開館式に際しては、アメリカニューヨーク州の弁護士でかつて裁判官でもあったバリングトン・バトナムが臨席し、ニューヨーク市やニューヨーク市弁護士協会からの寄付による判決録を携えてやってきた。さらに、書院へ継続的に寄贈するため、昭和十二年にはニューヨーク州で「コモンロー・ファンデーション」という財団が設立されている。こうした六一郎の長年の努力と交友によって、正求律書院は充実した内容となった。

増島六一郎邸に建てられた正求律書院(左の建物)
(中央大学資料館事務室蔵)

昭和九年、私設図書館の状態であった正求律書院の運営を永続的なものとするため、六一郎は書院の蔵書、建物や運営資金を提供して財団法人「正求堂財団」を設立した。財団では、図書館を研究者・学生らに解放するだけでなく、研究助成、研究会や会合に使う研究室・会議室も提供した。ここで慶應義塾大学の英米法研究会などが定期的に開催されたという。

戦前の法律や司法制度が大陸系（ドイツ・フランス）の影響が強かったのに対し、戦後は日本国憲法以下、英米法系統が大いに取り入れられた。大陸法になじんでいた裁判所・弁護士らが英米法を研究するために六一郎の蔵書が大いに役立ったのであった。

六一郎は晩年になっても頻繁にアメリカを訪れて、弁護士仲間らと交流した。昭和十四年には太平洋横断が四十回目となる記録を打ち立てたという新聞記事が掲載されたほどである（東京日々新聞）。昭和二十三年十一月十三日に死去するまで、頑固で元気な姿を見せ続けた。

その没後、正求堂文庫四三六二冊のすべてが最高裁判所に寄託され、最高裁判所図書館において公開された。その蔵書は、英米本国のロー・ライブラリーに勝ると評価され、法曹関係者に活用されている。なお、財団は二〇一〇年に解散し、蔵書は最高裁判所図書館に寄贈され、六一郎ゆかりの品は中央大学に収められた。

六一郎がのこしたもの　明治当初、弁護士は「代言人」と呼ばれていた。江戸時代にも訴訟を手助けする仕事は存在しており、訴訟を起こそうとする者が江戸や城下町に出てきて滞在した「公事宿《くじやど》」「郷宿《ごうやど》」と呼ばれる宿屋は、書類の作成や弁護人的な役割を果たした。そのイメージを受け継ぐため、当初、代言人の社会的評価は低いものであった。イギリスで弁護士が高尚な職業であることを学んだ六一郎は、そのような代言人に対する認識を改め、品位を向上させることに積極的であった。彼が「バリストル」の称号を積極的に用いてその職業が高貴であることを宣伝した理由もそこにあるだろう。

東京大学卒業生や留学生仲間の多くが政府や大学の職に就く中、六一郎は在野の立場を貫いた。それは、彦根出身者として薩長藩閥政府に対する反骨意識が強かったことに加え、学校経営に際して文部省からの監督指導の厳しさから役人嫌いになったこともその要因の一つのようである。

8

彦根初の銀行設立の中核、そして日本生命の創設へ

弘世助三郎《ひろせすけさぶろう》

（国立国会図書館蔵）

天保十四年―大正二年（一八四三―一九一三）

日本生命の創業者である弘世助三郎は、彦根藩の財政に関わった御用商人の出身である。父の跡を継いで廃藩期の彦根藩財政整理に関わったのをきっかけとして、金融業界に身を置くことになり、彦根で初の銀行創立に尽力する。また、鉄道の開設運動を通じて、彦根だけでなく関西各地の有力財界人と交わるようになり、広い人脈を生かして日本生命を創設した。

「彦根の弘世」が「関西の弘世」となり、銀行、鉄道、保険会社、新聞といった社会基盤を整える事業に邁進した。それを成しえたのは、社会に必要な事業を見出す力、事業の枠組みを構想する力、関西財界人に人脈を持ち彼らを調和させる力、この三つを兼ね備えていたからといえるだろう。

彦根藩財政の御用を務める実家と養家

弘世助三郎は天保十四年（一八四三）一月三日、彦根城下の商人川添益二郎の次男として生まれた。四歳のとき、叔父である弘世助市の養子となる。弘世家は愛知川村（愛荘町）の旧家の出身という。本家の市左衛門は本陣を営んだともいわれ、その分家の助市家の六代目が助三郎の養父にあたる。助市家の三代目が文化八年（一八一一）、彦根に出てきて居を定め、近江屋という屋号で行商を生業とした。四代・五代は親族から養子を迎

えたが早くに亡くなっており、一時期は後継者もいない状態となっていたが、天保十四年、四代目の妻の実家である川原町（銀座町付近）の川添家より養子を迎えて六代目を継ぎ、紙商を営んだ。六代目助市は紙の産地である美濃・若狭・土佐方面に出向いて紙を仕入れ、それを行商して販売した。行商先は、東は江戸・仙台、西は中国・九州方面にまでと伝わり、全国を歩いて商売していたということになる。この六代目助市が実家の川添家から迎えた養子が助三郎であった。

助三郎の実家である川添家は、彦根城下の川原町に住む商人である。『如水弘世助太郎翁』には、「彦根川原町の川添家は、井伊家彦根移封前から豪家と呼ばれ、慶長九年井伊直勝侯築城の時、市街の縄張を命ぜられたので、歴代縄張の家と唱へられるほどの名家である」と記す。築城当初から城下町に住む町人の由緒を書き上げた「御領分并御城下町旧家有増由緒聞書」（『新修彦根市史』七巻一八八号）には川添家の名は出てこず確認がとれない。ただ、元文元年（一七三六）に川添家が川原町の年寄役を務めている（同三〇五号）ため、古くからの名家ということは確かであろう。時代が下り、江戸後期の弘化年間（一八四四―四八）の川原町の五人組帳には、同町に住む川添益次郎が皆米札《みなこめふだ》方物主《かたものぬし》役と荒物商を営んでいたと記される。皆米札とは彦根藩が発行した藩札《はんさつ》のことで

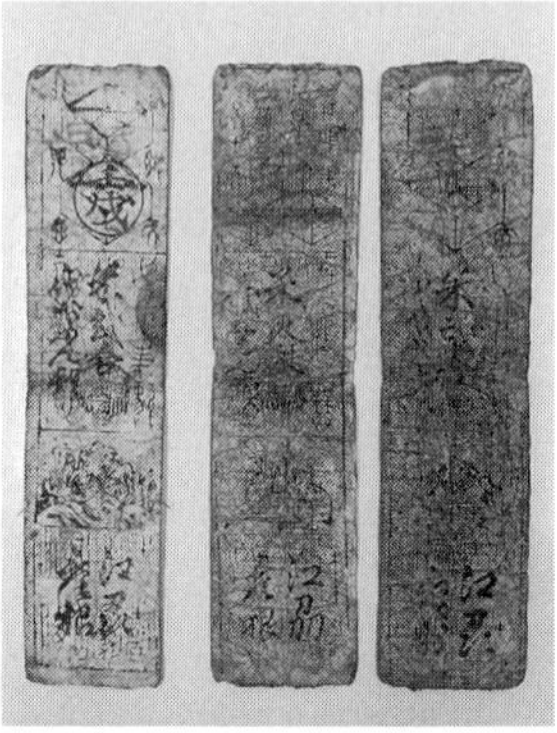

彦根藩の藩札（個人蔵）

ある。彦根藩は江戸時代中期、享保十五年（一七三〇）にはじめて領内で米札を発行し、寛保元年（一七四一）からは十年間の期限付きで領内での取引を米札だけに限ることとして、彦根城下町や長浜に米札を銀と引き換えができる引換所を置いた。川添家が務めていたのは米札引換所での事務を担当する役職である。地元の有力町人が三〜四名任命されていた。

また、助三郎の養父、六代目助市も安政三年（一八五六）から藩の会計調査役と藩札交換所物主役を命じられたという。川添家が務めていたのと同じ役を務めることになったことがわかる。

このように、実家の川添家も養家の弘世家も、彦根藩の藩札発行に関わる御用を務める商人の家であった。

家業を継承　助三郎は四歳で弘世家の養子となり、その家業を継ぐべき人材として養育された。十二歳で養父とともに諸国行商の旅に出て家業見習いを開始すると、早くも十四歳のときには助三郎ひとりで行商に出ることになった。安政三年に父助市が彦根藩から会計調査役と藩札交換所物主役を命じられ、藩の仕事に従事するようになったためである。

彦根藩は弘化四年に、江戸湾への入り口にあたる三浦半島の沿岸警衛を命じられ、彦根から遠く離れた相模国（神奈川県）へ家臣を派遣して軍備の任に就いた。ペリー来航後の嘉永六年（一八五三）には羽田・大森といった江戸内海への警衛持ち場替えとなったあと、翌嘉永七年には京都守護を命じられ、部隊を京都に置くことになった。このように、幕府の命令により派兵することが常態化し、それに伴う経費も膨大となるなかで、弘世助市が藩財政に関わることになった。文久二年(一八六二)には、井伊直弼の大老政治に批判的な勢力が幕政を掌握すると、彦根藩は藩領の三分の一にあたる十万石を取り上げられる処罰を受けることになり、その後も禁門《きんもん》の変《へん》、第二次長州戦争、戊辰戦争といった出兵が続く。収入が減少する中で、彦根藩は出兵のための資金が必要となった。藩財政が厳しい中、助市らは同志を募って家財を売って藩へ献金し、軍資を調達したと伝わる。

このように、父は藩の財政御用に奔走することになり、家業は助三郎に任されたのであった。助三郎は若くとも、勤倹力行、商機をとらえるに敏であり、商売が計画したとおりに進み、父が舌を巻くほどであったという。

彦根融通会社への参画　助三郎が金融業界に足を踏み入れることになったのは、父助市から受け継いで彦根融通会社の社中となったのがきっかけである。

彦根融通会社は、明治元年(一八六八)の彦根藩による藩制改革のなかで設けられた会計局融通所を前身とする。彦根藩は、幕末からのたび重なる出兵などのため、膨大な借金を抱えていた。明治初年段階の借財高は九十二万両あまりにものぼるという。また、明治政府は金札を発行しようとしており、それまで各藩が発行していた藩札の新たな発行は止められていた。すでに民衆は藩札へ不信感を高めており、藩はその債務を整理し、藩財政を収拾させることが緊急の課題となっていた。そこで、彦根藩は金融・財政関係の部局を統合して会計局を新設し、その下部組織として会計局貸付方（融通貸付所、会計融通所ともいう）を置いた。有力町人のひとりである早崎専五郎が発案したもので、彼が融通所の頭取《とうどり》となり、助市ら城下町の商人七名が御用掛《ごようがかり》を務めた。融通所の業務は、領内の国産発展のために資金を貸し付けて、利子の一部を藩に納めるというものであった。

会計融通所が約二年間運営された後、明治三年に彦根融通会社が設立される。こちらも早崎が主導したものという。すでに、東京・京都・大坂など主要都市には国内商業と海外貿易の振興のために半官半民の通商会社や為替《かわせ》会社が設立されはじめており、明治二年には近江国内でも八幡や五個荘の近江商人らが参加した大津通商・為替会社が開業している。早崎はこれに匹敵する組織をもつ金融機関を設立しようとして藩に願い出て、彦根融通会社が設立された。彦根、高宮、長浜、米原などの商人四十二名が加盟し、彼ら社中が毎年百両を積み立て、預かった金を貸しつけて利子収入を得ると、社中が利子を受けとるという業務を行った。一種の銀行業務である。

彦根融通会社は、彦根藩の会計融通所とは別個の金融機関ではあるものの、早崎を中心とした藩御用商人が運営するという点で継承していた。また、藩債を引き受けており、藩の債務整理という課題も受け継いでいた。廃藩後も融通会社は存続し、政府からも旧藩札を回収・交換するといった業務を請け負った。しかし経営が困難となり、明治九年六月までには閉社となり、その後清算事務に入ったようである。

助市は、安政三年からの藩会計調査役に引き続き、会計融通所、彦根融通会社に関わった。助三郎は、病気の父に代わり、明治五年から正式に彦根融通会社の社中となっている。ところが、明治七年、助三郎は出勤免除を願い出ている。その願書には、病気の父に代わって社中に加わったが、本業である紙の行商のため一年の八割は旅に出かけており、定期的に融通会社へ勤務することはできないためという理由を記す。その後、助三郎は融通会社経営の中核には加わっていなかったようである。そのため、閉社が決まったことを聞いた東京在住の旧彦根藩士らが会社維持のため協力することを呼びかけると、助三郎もこれを承諾してその趣意書に名を連ねている。しかし、この努力も空しく再建は叶わなかった。明治十年には預かり金の清算が行われているが、助三郎が社長早崎から代理人に指名される委任状が残っており、早崎に代わって助三郎が清算にあたっていたようである。

助三郎は彦根融通会社の社中として彦根藩の負債整理に関わる中で、他の御用商人や彦根藩幹部と関係を構築していく。このような経験が次の銀行設立へとつながった。

第百三十三国立銀行の設立　明治九年の国立銀行条例の改正により、全国で民間の国立銀行の設立ブームが起き、明治十二年までの三年間で一五三の国立銀行が開設された。開設順に番号を名乗っており、滋賀県内には第二十一国立銀行（長浜）、第六十四国立銀行（大津）、第百三十三国立銀行（彦根）の三行がつくられた。

　県内で最初に国立銀行設立の動きをみせたのは、長浜の生糸・縮緬商人であった。明治十年五月に設立願書を提出し、八月に大蔵省から銀行設立の許可を得て、第二十一国立銀行を開設した。それに引き続き、七月には大津、八月に八幡、九月に彦根と、相次いで国立銀行設立を出願すると、政府は大津と彦根を合併して設立することで許可し、明治十一年一月、第六十四国立銀行が開業した。彦根からの国立銀行設立出願人は井伊直憲をはじめ、伊関寛治、増田匡、武節貫治、広野古矩ら士族と助三郎・竹村吉平ら御用商人であり、助三郎は取締役を務めた。

　しかし、大津は米商組合を基盤としているのに対し、彦根は中小企業者に重点を置き、そのほか士族相手の消費者金融も多く、経営方針が一致しなかった。そのため大津と彦根は分離するほうがよいという結論に達し、第六十四銀行からの分離・独立というかたちで彦根に第百三十三国立銀行が創設された。


第百三十三国立銀行の主要株主　明治12年

株主名	株数	役職
井伊　直憲（華族）	125	
秋田弥左衛門	60	
長崎　卯八	40	
森　弥三郎（士族）	40	
伊関　寛治（士族）	37	頭取
千田　保治（士族）	35	
竹村　吉平	35	取締役
弘世助三郎	33	取締役兼支配人
武節　貫治（士族）	30	取締役
広野　古矩（士族）	30	取締役
増田　　匡（士族）	30	
玖珠清左衛門	30	
安居　喜八	25	
森　元太郎	25	

高橋久一『明治前期地方金融機関の研究』より作成

第百三十三国立銀行の紙幣(『滋賀銀行五十年史』より転載)
弘世助三郎の名前が書かれている。

助三郎は、国立銀行設立運動の段階からその中核にいた。特に旧彦根融通会社の長浜組の社中による国立銀行開設は、助三郎らの事業熱に拍車をかけたことであろう。出願人には旧藩主井伊直憲や藩士らが名を連ねるが、彼らにそのことを説明して賛同を得て、御用商人仲間らも引き込んだのは、助三郎が献身的に奔走した結果という。

第百三十三国立銀行は彦根白壁町において明治十二年四月から営業を開始する。創設時の株主は旧彦根藩士と御用商人出身の者が名を連ねた。助三郎は取締役・初代支配人に選ばれた。

銀行設立当初の最大の貸付先に、彦根製糸場などのころ相次いで設立された製糸場がある。彦根製糸場は、明治十一年、滋賀県初の近代的な器械製糸工場として犬上郡平田村(彦根市平田町)に造られた。殖産興業と士族授産を図るために旧彦根藩士が中心となって計画し、旧彦根藩とつながりが深い施設であった。同行は明治十二年に彦根製糸場との間で「生糸資金引出方概則」を取り交わし、繭の購入に際して一万五〇〇〇円を預け入れて、購入資金の随時引き出しを契約している。

創業期は士族が経営の中心におり、貸出先からも士族銀行という性格が強かった。ところが、松方デフレの影響で経営が低迷し、不況期を克服するために明治十八年に助三郎を頭取に選任した。明治二十年になると、企業熱の勃興とともに商況は急速に回復したため、これを機に資産倍増を行った結果、助三郎が筆頭株主となった。このように、創業後約十年のあいだに士族銀行から商人銀行へと成長していき、地域経済の新しい展開に貢献した。助三郎は明治二十七年まで頭取を務めており、長期にわたって同行の基盤確立に尽力したと評価されている。

なお、第百三十三国立銀行は明治三十二年に株式会社第百卅三銀行へと改称し、さらに昭和八年には八幡銀行と合併して滋賀銀行を創立した。

鉄道事業への参画　彦根を拠点としていた助三郎が関西へと事業エリアを拡大させるきっかけとなったのは、湖東鉄道の開設請願ということができるだろう。

日本の鉄道は、東京と関西を結ぶ路線が最初に計画され、明治五年には新橋―横浜間が開業した。その後、各地で建設が進められ、京都―大津間は明治十三年に開通していた。しかし、大津―長浜間は琵琶湖の湖上汽船が通っていたこともあり、敷設工事はなかなか始まらなかった。

そこで、この区間の早期開設を願い、明治十七年十月、第百三十三国立銀行や八幡銀行の幹部らが連名で、湖東線の敷設を工部省へ請願した。この運動の中核にいたのは第百三十三国立銀行側であり、中でも副頭取の助三郎が中心となって展開した。しかしこの請願は通らなかった。

とはいえ、湖東線の請願は次の鉄道事業へと展開を見せる。それは関西鉄道会社の設立である。関西鉄道は湖東線を請願した湖東グループ、四日市港の築港に尽力した三重県グループが協力して会社を設立し、京都の財界実力者も加えて草津—四日市などの路線を建設しようとしたものである。湖東グループの狙いは、関西鉄道が建設資金を負担して早期に湖東線を建設しようとするものであった。この願いも聞き入れられなかったが、政府は翌年に湖東線の建設工事に着手しており、結果として湖東線を敷設するという目的は達成することができた。

利害の異なる三者が一つの会社を設立するのは容易なことではないが、助三郎は湖東グループを代表して奔走し、多数の関係者と会合・交渉を重ねている。それぞれの利害を調整した結果、明治二十年三月の関西鉄道会社の免許出願にいたった。

関西鉄道は明治二十三年に草津—四日市間を開通させた後も、名古屋・大阪方面に路線を延長建設し、また、紀和・大阪・奈良・浪速各鉄道などの私鉄を吸収合併して近畿圏最大の経営規模をもつ大私鉄へと発展した。

大阪方面へ事業展開する中で、大阪の事業家岡橋治助《おかはしじすけ》と親交を深め、助三郎は岡橋と連携して新たな事業を興し、共同投資していることが確認できる。大阪の第三十四・第百二十一国立銀行などは助三郎が岡橋とともに発起人となったり創業を助けた銀行であり、岡橋が大阪鉄道会社を創設する際には弘世が協力した。

滋賀県知事中井弘からの薫陶

湖東線の請願から関西鉄道設立への事業展開と同じ時期、助三郎は滋賀県会議員として県政に関わっている。明治十七年六月の犬上郡選出補欠選挙で当選しており、同二十四年までのあいだ、県政に尽力した。県議としては、国会開設前の明治二十二年には高宮の馬場新三《ばばしんぞう》らとともに近江同致会を組織していた。また、翌年に実施された第一回衆議院議員選挙では県内各選挙区から立候補した杉浦重剛、大東義徹、伊庭貞剛、相馬永胤ら有力者を支援している。同じ頃、滋賀県下に政治思想が乏しいことを嘆き、これを鼓舞するには新聞によるのがいいと考えて私財を投じて「近江新報」新聞を発刊した。

実は助三郎の県会議員在任とほぼ同時期、助三郎に影響を与えた人物が県政のリーダーであった。それは県知事の中井弘である。中井は薩摩藩出身で、長らく外交面で活躍していたが、明治十七年に滋賀県令に任命され、二十三年五月まで滋賀県知事を務めている(在任中に県令は県知事と改称)。それぞれ別の鉄道計画をもっていた滋賀・三重・京都のグループを一つに結びつけて関西鉄道会社が成立したのは、中井知事の積極的な関与があったためという。

中井は鉄道に限らず、県内の豪商たちへ殖産興業を説き、県内外の資本を結集して大資本となし、大産業を起こすことを盛んに奨励していた。助三郎が次に心血を注ぐ事業もこのような中井の影響を受けていた。それは生命保険事業の構想である。

生命保険事業の構想　多くの事業を興した助三郎であるが、そのもっとも大きなものとして知られるのは日本生命の創立であろう。

助三郎が生命保険事業を始めようと思ったきっかけとして、多賀講と交援社が古くから注目されてきた。

多賀講といえば、いくつかの組織が思いつく。一つは多賀大社を信仰する崇敬者の会である。現在も続く。明治十三年段階では「多賀教会講社」と名乗り、信徒数は十三万戸、六十万人に及んだという。また、遠方の信者で結成した講では、お金を積み立てて交代で多賀へ参詣する費用を捻出するということが行われていた。病気で困った講員やまとまったお金が必要となった者へ講の資金を流用させることもあり、多賀講は講員同志で助け合う相互扶助の組織であったといわれている。助三郎は、毎年四月五日に太々神楽を執り行う「萬歳講」の一員として名前が挙がっており、多賀大社に関わる講の相互扶助精神に触れていたのは間違いないだろう。伝承では、助三郎は多賀教会を主体として「多賀寿生命」の創設を思い立ち、彦根・多賀の有力者数名と謀って奔走したが、実現にはいたらなかったというが、「多賀寿生命」の詳細は伝わっていない。

交援社は、断片的ではあるが実際に活動していたことが確認できる。明治十五・六年頃、医師中島宗達（→155頁）によって組織され、主に彦根藩士族が加盟した。同社の事業は掛け金を集めて七十歳満期または死亡時に支払うというもので、生命保険に類似した性格をもつ。甲・乙・丙・丁種などの組別に分かれており、各種とも一〇〇人足らずの者が掛け金を納めていた。助三郎も参加者に名を連ねていることが確認できる。交援社は、江戸時代以来の相互扶助精神に基づく保険類似機関と位置づけられている。

一方、明治初期に外国の諸制度を導入した一つに保険制度もあった。福沢諭吉がその著書『西洋旅案内』で「災難請合の事　インシュアランス」と解説している。江戸時代以来の制度との違いは、統計処理によって予定死亡率などから保険料を導くというものであり、近代的保険と呼ばれている。生命保険でいえば、明治十四年に初の近代的保険会社として福沢諭吉門下の阿部泰蔵によって明治生命保険会社が創立している。同じ頃、全国各地で保険類似団体が設立されており、交援社もその流れに沿うものとみることができるだろう。

助三郎が生命保険事業に関心を持ったきっかけとして、『日本生命五十年史』では森八郎からの教示を挙げる。明治二十一年、当時福井県南条今立郡役所書記であった森は帝国生命（現在の朝日生命）社員から保険の勧誘を受け、その成立や組織を教わると、合理的な済世事業の制度に共鳴して助三郎に伝え、関西地方でもこの制度を創る必要性を述べると、助三郎は生命保険会社創設の決意を固め、県知事中井弘に相談したという。

ところが、小川功氏はそれ以前に助三郎が保険会社設立に向けて動いていた可能性を指摘する。それは「近江生命保険会社」の存在である。明治二十年の『中外電報』紙に「彦根の開業医師中の有志者数名は同地の富豪家と謀り、近江生命保険会社と云ふを創設せんと計画中の由」と報じているという。近江生命の創設は確認できず、実現にはいたらなかったようである。しかし、この記事から近代的生命保険会社創設に向けて動いていたことや、交援社との関係が推測できる。「彦根の開業医師」とは、交援社を主宰していた中島宗達のことであろう。小川氏は、中島が交援社を会社組織に改組しようとして地元銀行に支援を頼るため「同地の富豪家」である百三十三銀行頭取である助三郎に話を持ち込んだのではないかと推測する。

ではなぜ、近江生命の創設計画は進まなかったのか。それは、助三郎が生命保険事業の計画を中井知事に持ちかけたところ、中井は、生命保険は信用が第一と考え、滋賀県内にとどまる組織ではなく、全国レベルの組織にするようにという助言があったためということと関係するだろう。実際、中井は助三郎の生命保険会社設立計画に大きな影響を与えている。その一つが片岡直温《かたおかなおはる》の推薦である。当時、滋賀県警部長（現在の警察部長）の役職にあった片岡を中井の推薦によって経営実務にあたる専任者に登用している。同じ頃、各地で創設された地域レベルの生命保険会社は成功せずに終わっているものが多く、中井の助言はこのような実情をふまえてのものだろう。そこで、滋賀県内だけをエリアとするのではなく、助三郎は広く関西財界を巻き込んだ会社とすべく、関西財界有力者を訪問して賛同を得て、日本生命保険会社を設立した。

日本生命創業の「発起人中の発起人」

助三郎は日本生命創業の発起人ということができるが、社長など社の前面に出る役職に就いたわけではない。初代社長には鴻池家の当主である鴻《こうの》池善右衛門《いけぜんえもん》(十一代幸方)が就いた。信用を得るために大阪随一の財閥を担ぎ上げたということである。副社長の片岡直温は滋賀県知事中井弘から専任の経営者として推薦された人物である。助三郎の構想を実行する役割を担い、創立趣意書の起草、保険規則や保険料表の作成などの設立準備実務にあたった。

助三郎は、設立準備事務は片岡に任せ、みずからは関西の各銀行を訪問してその首脳陣と懇談し、生命保険会社設立への協力を要請した。当時の大阪実業界には、松本重太郎、藤田伝三郎、田中市兵衛、岡橋治助といった多くの事業を興した関西財界有力者がおり、それらの派閥が存在していたが、助三郎の奔走の結果、派閥を超えて協力を得ることができた。その結果、創設委員十四名には大阪の代表的な国立銀行経営者の顔ぶれが揃った。

明治二十二年七月一日、創立願書を提出し、七月四日付で大阪府知事西村捨三(→68頁)から設立認可を得た。願書に名を連ねた発起人六十二名は大阪、滋賀の財界有力者を網羅しており、助三郎のほかには、長浜の下郷伝平、八幡の西川貞二郎・西川重威、彦根の武節貫治・広野織蔵らが名を連ねている。

助三郎は、日本生命の経営陣としては取締役として名を連ねたにとどまるが、明治四十一年、役員を退任するときの株主総会で当時社長であった片岡は弘世を「同君は本社創業に当り発起人中の発起人とも申すべき創業者」と称えた。経済史家の宮本又次は『近代大阪の展開と人物史』で、日本生命が成功した要因として、鴻池社長の信用、副社長片岡の経営力、助三郎の整理調和の才を挙げている。

助三郎が日本生命の役員を退任すると、その長男助太郎が取締役に迎えられて経営に参画し、昭和三年には社長に就任した。関東大震災後であり保険業界にとって苦難の時代であったが、その経営手腕で業界トップを維持し、「中興の祖」とも呼ばれた。

表御殿の建物が残る別荘「千鳥庵」

芹川の南、雨壺山(千鳥ヶ丘)北麓(後三条町)に助三郎が建てた別荘が現存する(彦根市指定文化財)。この建物の座敷には彦根城表《おもて》御殿《ごてん》の建物の一部が移設され使われている。

彦根城は明治十一年に廃城となり、その部材が公売に供された。助三郎は藩主が暮らした表御殿の建物を購入してこの別荘を建てたと伝わる。谷鉄臣(↓28頁)の筆による「千鳥庵」の扁額も現存し、明治十三年の年紀があることから、その年までに完成したことがわかる。弘世家の本宅は沼波町にあり、こちらは父助市の隠居所として用いられたようである。

9

西洋医学・キリスト教を通じて彦根に欧米文化をもたらす

中島宗達《なかしまそうたつ》

天保十一年—大正十四年（一八四〇—一九二五）

（日本基督教団彦根教会蔵）

中島宗達は、医師・キリスト教徒・教育者・町会議員などの顔をもつ。それらに共通する宗達の功績は、暮らしの近代化といえるだろう。

横浜居留地で外国人から西洋の医学や生活様式を学んだ宗達は、彦根に戻るとそれらを取り入れ、生活環境や意識の改善に取り組んだ。それを端的に示す言葉が滋賀県令籠手田安定から示された「医医医」（医を医する医なり）という語である。病者に投薬する医者は多いが、宗達には医道を正し、医風を興し、医師の模範となってほしい、という意味が込められている。この言葉のとおり、宗達は自らが病人を診察するだけでなく、民衆に医学・衛生環境の知識を浸透させ、「産婆」（助産師）の養成と地位向上をはかった。また、幼稚園・女学校・盲学校の設立にも協力しており、あらゆる人々が暮らしやすい社会環境の整備に生涯を捧げた人物だったということができる。

藩医となる　中島宗達は、天保十一年（一八四〇）一月二十五日、坂田郡小田《やないだ》村（米原市）の堀兵蔵の息子として生まれた。十九歳で医師を志して近隣の市場村の医師三浦北庵《みうらほくあん》の門人となり医術を学ぶ。北庵は長野義言（井伊直弼の国学の師、のち側近に取り立てられる）の国学の門人でもあり、その縁によって井伊直弼とも知遇を得て、直弼が彦根藩主になった後の嘉永六年（一八五三）に彦根藩医になった人物である。北庵の弟子として井伊家に出入りしていた宗達に、藩医中島家の養子となる話が舞い込んできた。

中島家は江戸初期より代々藩医の家柄であり、初代は外科医として召し出されたが、宗達の養父である九代目宗仙（隠居前は宗達と名乗っているが、ここでは宗仙で統一する）は、藩主直亮・直弼への薬を調合する奉薬役も務めている。安政三年（一八五六）の「彦根藩役付帳」によると、藩医は三十二名おり、その中から奉薬役（一名）、奉薬と針・膏薬を兼ねる役（三名）、藩主とその家族を日常的に診察する奥医師（十名）が選ばれていた。宗仙はただ一人の奉薬役を務めており、その医術が藩主から信頼されていたことがうかがえる。直弼の茶の湯の門弟に「中島宗達」がいるが、これは九代目宗仙のことである。

宗仙はもともと孫の宗安を跡継ぎとしていたが、彼は藩から何度もお咎めを受けており中島家の跡継ぎとして不適格とみなされたのであろう。彼に代わる跡継ぎを養子として迎えようとして、三浦北庵の弟子であった宗達に白羽の矢が立ったのであった。代々藩医の家である中島家は、家柄といい、宗仙の実力といい、一代で取り立てられた北庵とは比べものにならない家筋といえる。その家の養子に迎えられたということは、宗達がそれにふさわしい素養を持った人物だったといえるだろう。

文久元年（一八六一）に中島家の養子となった宗達は、元治元年（一八六四）、父宗仙の隠居に伴って家督を継ぎ、知行百二十石を下されて藩医となった。家督相続の二年後、慶応二年（一八六六）には奥医師となり、慶応四年には外科兼帯に任命されている。

開港の地横浜への留学　慶応四年二月、宗達は医術修行のため横浜への留学を藩から命じられた。安政六年の開港によって、横浜には外国人の居留地がつくられており、横浜からさまざまな西洋文化が流入した。医学・医療の分野もその一つである。

横浜にはアメリカ人医師ヘボン（James Curtis Hepburn）が塾を開いており、宗達はその塾に入って西洋医学を学んだ。ヘボンは北アメリカ長老教会の宣教医として開国直後の安政六年に来日していた。「ヘボン式ローマ字」（ローマ字の表記法のうち最も広く利用されている方式）でも知られ、世界初の近代的な和英辞典『和英語林集成』を編纂・刊行した人物である。

ヘボン博士邸跡石碑（横浜市中区）

ヘボンは文久二年には横浜居留地に居を構えて診療所を開設した。同年には、幕府から委託を受けて九人の学生に英語・数学などを教え始めている。蕃書調所《ばんしょしらべしょ》や講武所《こうぶしょ》など、幕府の洋学学習機関に属する者が派遣されたと思われ、その中には当時蕃書調所の教授手伝いであった大村益《おおむらます》次郎《じろう》

（長州出身の兵学者、近代兵制を導入）もいた。その後も佐倉藩蘭方医の息子である林董（のち外交官）、仙台藩から派遣された高橋是清《たかはしこれきよ》（のち総理大臣）らが入塾している。英語などはクララ夫人が教え、ヘボンは医学を教えたという。

西洋医学の修行　宗達は医学修行のためヘボン塾に入塾しているため、医学のクラスに入ったと考えられる。明治四年には、約十名の医学生が朝九時から授業を受けたということなので（一八七一年二月十六日付弟スレーター宛て手紙）、宗達もそのクラスで医学を学んだのであろう。

ヘボンは慶応四年八月から九月（西洋暦）、太平洋汽船会社の船ヘルマン号の船長フェルブスから誘われて、六週間にわたり「蒙古」「樺太」「蝦夷」に旅行した。この旅行に宗達は随行しており、「北エゾよりヲロシアの道の記」という表題をもつ日記を書き残している。その中には、「ヘボン先生カステイラ法」というカステラのレシピのメモ書きも含まれる。

実はヘボン自身は医学よりもキリスト教の布教に熱心であり、聖書を和訳するために日本語を勉強し、和英辞典の編纂に取り組んでいた。医学を学びに来た宗達にとって、ヘボン塾は医学の基礎は学べても、医師としての実践を身につける場ではなかったのではないだろうか。それは、宗達の横浜での履歴をひもとくと、ヘボンとは別の医師の影響が推測できるからである。

その医師はシモンズ（Duane B. Simmons）。ヘボンの直後に来日し、横浜で日本の医療の近代化に貢献した人物である。シモンズの功績として、横浜に設立された十全《じゅうぜん》病院での治療が知られる。

十全病院は、明治四年、早矢仕有的《はやしゆうてき》(丸善の創始者)の提唱による寄付金をもとに横浜に設立された病院が元となり、火災による移転の後、明治七年には県立の「十全病院」として開院した。(十全病院はその後横浜市立となり、変遷を経て、現在の横浜市立大学医学部附属市民総合医療センターに継承されている)。シモンズは十全病院の常勤医として事実上の院長といえる立場にあり、西洋の医療技術を持ち込み、多くの患者の治療にあたった。また、コレラなど伝染病の予防法についても県へ訴えて策を講じさせている。着岸する前の船の上で海上検疫をさせたり、トイレを井戸の近くに造らないといった家を建てる際の基準を設定させた。このような病気の予防や健康の維持増進のために組織的な取り組みをする活動は現在「公衆衛生」と呼ばれており、シモンズはそれを日本で最初に取り入れたといってもいいだろう。

宗達の横浜時代の功績として、歯科検査とその統計の発表が知られる。横浜の娼妓に対して検査したところ、虫歯をもつ者が七割にも達したことを発表した。歯科検査は梅毒の検査にあわせて実施したという。娼妓への梅毒検査はシモンズが実施していることが知られており、宗達はその助手として検査に携わっていたと推測できる。また、宗達の履歴には十全病院の創設にも関与したとあることから、シモンズのもとで病院経営や予防医学について実地で学んだと思われる。

そのほかにも、宗達には病気を防ぎ健康を維持する観点からの「発明」がある。一つは温泉の成分分析である。熱海温泉の定量分析をしてその効能を付記して刊行したという。温泉浴にはさまざまな医学的効能があることは現在ではよく知られているが、宗達は明治初期にそのことを発表したということである。また、聴診器を改良してその性能を高めたことも宗達の履歴に記される。

宗達が横浜に来た慶応四年時点では、シモンズは帰国中であり、明治二年頃に再来日している。このことから、宗達はまずヘボンのもとで医学を学んだが、医療活動に重点を置くシモンズに接するようになるとその助手として活動し、実践を通じて医師修行をしたと考えられる。

東京での開業　宗達は彦根藩医の肩書きのまま横浜留学していたが、明治時代に入ると藩の組織や職制が短期間のあいだに何度も改められたのに伴い、藩医の制度も変革していた。明治二年には奥医師の制度が廃止された。また、それまで藩医は家柄により相続されていたが、これを廃止して能力ある医師を登用するように改められた。

宗達の横浜留学は当初二年間の予定であったが、その期限を超えても引き続き宗達は横浜におり、医学研究を続けていたことが確認できる。その後、明治五年に東京麹町隼町（千代田区）で開業したという。華族となった井伊直憲がその直前に東京へ転居したのと関係するのであろうか。宗達は明治六年に井伊家の「家医」となったという。江戸時代の大名は毎日奥医師の診察を受けており、そのような役割を引き継いだものであろう。

彦根へ戻る　明治十年、宗達は父宗仙の死により彦根に戻ると、横浜で学んだことをいくつも彦根に根付かせている。

その一つは医療である。彦根で医院を開業した。大工町に共立診療所を設け、のちに私立彦根病院と改め、その後、中島病院として開業した。

同じ頃、彦根の町医師樋口三郎が大阪で医学を学び、彦根に戻っていた。宗達は樋口とともに、医学的知識を広めることを目的として上魚屋町（本町二丁目）に医学会社を組織すると、集義社の建物を会場として、毎週二回の講話会を開催した。京都在住のアメリカ人宣教師で眼科医のテイラーも医学会社の特別会員として加わり、衛生環境の改善に関わる話などをした。その講話はわかりやすく有益なものであったため、聴衆はいつも四・五十人を下らなかったという。

宗達が診療したのは彦根だけではなかった。長浜からの招きに応じて定期的に診療に訪れている。こちらでも診療に加えて、衛生講話と宗教談をしている。長浜の藤井太三郎らが診療に備えて自宅を提供し、「養親会」と名付けた。

このように、医師としての宗達は病院を開設して病人の治療にあたっただけではなく、日常生活から衛生環境を改善するよう人々に知識を広め、病気を防ぐ環境をつくろうと活動した。

キリスト教の伝道　宗達が横浜で学んだヘボンは宣教師でもあり、宗達はその教えを受け、キリスト教も彦根にもたらしている。樋口もキリスト教の伝道を志していたため、この点からも二人はともに活動した。彼らの講話は次第に伝道の色彩を強めていき、安息日学校（日曜学校）や聖書の研究会も開かれるようになる。

その活動には新島襄《にいじまじょう》が設立した同志社英学校も深く関わった。新島襄は幕末にアメリカに渡り、キリスト教の洗礼を受けて宣教師となった後、明治七年に帰国すると、翌年、京都に同志社英学校を設立している。新島や学生たちがしばしば彦根にやってきて、宗達や樋口の伝道活動を支援・指導すると、講話を聞いた者たちの中から信仰の輪が広がった。明治十年には、信仰する者十八名によって「明十社」という団体が組織されている。その活動内容は、日曜日ごとに集会を開き、互いに聖書を読み神に祈祷し、勧善の用に供するために献金するというものであった。

明治十二年には、明十社は解散して彦根基督教会が設立された。明十社のメンバーを含む十二名が洗礼を受けることを決意すると、六月四日、彼らの受洗式が新島襄の司式のもとに行われた。この中に宗達や樋口も含まれている。

宗達は彦根基督教会の活動で主導的立場にあった。その信仰と活動を通じて西洋の文化・思考を彦根にもたらしたのであった。

信徒仲間　宗達とともに洗礼を受けた仲間には、宗達の医療活動を助け、実践した者がいる。

三谷岩吉はもともと侠客の親分であった。若い頃から彦根を飛び出して渡世人として生きていたが、知人を通じてキリスト教を知ると、前世を悔いて入信した。そこで遊郭を廃業したが、それによって失業した者に職を与えるために銭湯を始めることとした。そこには宗達のアドバイスがあり、薬湯として開業した。これが二〇一九年まで中央町で営業していた銭湯「山の湯」である。宗達は温泉の効能を研究していたので、山の湯はその実践の場ということができるだろう。

彦根藩の足軽であった加藤織太郎は、廃藩後、土橋《どばし》（銀座町）で理髪業を営んでいた。友人の三谷岩吉に誘われて集会に参加し、入信した。その後、大阪に出て搾乳術を学び、明治十七年に彦根で牧場を経営して牛乳販売事業を始めた。日本で牛乳が本格的に生産されはじめたのは、開国により外国人が居留地に住むようになってからのことである。文久三年、オランダ人から牛の飼育・搾乳を習った前田留吉が横浜で居留地に住む外国人に供給するために始めたのが日本初とされる。ほぼ同時にその事業に着手した中川嘉兵衛は、搾乳した牛乳をすべてシモンズに届けたと伝わる。シモンズの近くにいた宗達は、牛乳には栄養素が豊富で日々飲用することの効果を聞き知っており、彦根に牛乳を広めようとして加藤に牛乳製造販売業を勧めたと考えられる。

大堀村出身の速水《はやみ》正伯《しょうはく》は、十一歳のときに失明してしまい、鍼灸按摩術を学ぶ。さらに彦根に戻ってきた宗達から医学一般を学ぶ中で、明十社の結成に参加し、宗達らとともに洗礼を受けた。

正伯の妻であるタケも、正伯との結婚後まもなく洗礼を受けている。彼女は宗達から指導を受けて産婆術を学んだ。明治十六年、滋賀県での初の産婆術試験に合格し、免許状を得ると、県からの依頼もあり、産婆術の普及に尽力した。現在は助産師と呼ばれ、国家資格を取得する必要がある専門職であるが、当時の社会的地位は低かった。宗達は医師の立場からタケに専門教育することで、医学衛生の専門知識をもって出産を介助する専門家を育成したのであった。

オルガンの購入　彦根基督教会を設立した明治十二年、信徒らはアメリカから足踏みオルガンを購入している。今も伝わるそのオルガンの裏板には、その費用は篤志者の寄付金と教会の貯金とをあわせて買い求め、彦根基督教会へ寄付したとあり、世話方として三谷岩吉と本間重慶の名が記されている。本間は同志社の一期生で、明十社の伝道活動にたずさわっており、彦根基督教会の初代牧師となった人物である。

信徒からの寄付金などで購入したオルガン（個人蔵）

オルガン購入の話が出たのは明十社の活動の中であった。明十社では賛美歌の合唱もしており、その伴奏のためオルガンを揃えたいという話になった。オルガンは当時一〇〇円ほどもしたため、容易に購入できるものではなかったが、彼らは一口五〇銭、二十か月満了の講を結び、六〇円を捻出した。

オルガン購入には神戸に住む宣教師のギュリック兄妹が深く関わっている。妹のジュリヤ・ギュリックはそれ以前からしばしば彦根を訪れて、宗達の家などに宿泊しながら婦人集会を開き、伝道していた。彼女の開いた婦人集会は「ギュリック婦人集会」と呼ばれ、十三人の女性が参加している。その中には、のちに彦根基督教会設立者に加わる樋口房子・西村増・西山マスもいた。ジュリヤはオルガンの購入に賛同してみずから進んで寄付し、友人を説いて寄付金を集めた。オルガンをアメリカに注文する交渉は兄のO・H・ギュリック宣教師が行った。実は、寄付金を集めてもまだ見積額に足りていなかった。しかし、交渉した結果、この美挙に感じ入ったアメリカ人商人が値引きし、運賃も負担してくれた。このように、明十社に集まった者の熱意により、滋賀県で初となるオルガンが彦根に届いた。

このオルガンは日曜日には集会があるためそこで用いられたが、それ以外の日は荷車に積んで信者宅を持ち回った。宗達の娘、茂千代がオルガンを弾くことができ、ほかの信者宅にある時に彼女が教えに来たという。

彦根城の櫓を教会へ移築　明治二十一年になり、教会堂を新築することになった。宗達は新築委員の一人として事務を担当し、同年十月、初代教会堂が完成した。

さて、ある時宗達は長浜方面へ行く道中、世継村（米原市）で彦根城の隅櫓が藁置き場として使用されているのを見つけた。もともと一階は世継村の村役場、二階は学校として使用していたが、宗達が見つけたときには役場は移転しており、物置となっていたのであった。彦根城が廃城となると、門や櫓などの建物は明治十一年までに公売されており、この櫓もそのときに移築されたも

彦根城の隅櫓を利用した彦根基督教会（個人蔵）
1935～37年頃

のであろう。移築からすでに年月が経過し、役場や学校は新たに建てられていた。

宗達はこの櫓を買い取って、独特の考案をした一つの住宅を作ろうと計画した。建物は約四〇〇円で購入したが、多忙のため住宅とする計画は進まず、そのままになっていた。

そこで、宗達はこの建物を教会に寄付することを申し出た。それに対して教会側では様々な意見が出てすぐに受け入れることはしなかったが、宗達の熱心な申し出により教会はついにこれを受け、教会堂に付加することになった。その工事は、旧教会堂を移動して、続きに櫓を増築するというもので、教会堂新築に次ぐ大工事となった。建物の移築は非常な困難を伴い、大いなる労力と費用を要した。財政困難な中であったが、彼らは「彦基積立講」を結成して資金を調達して移築工事費を捻出し、明治四十一年に他に例のない建築物を作り上げた。

なお、櫓は昭和二十五年の火災により二階が全焼するがその後復旧し、昭和三十六年の改築により隣接するノゾミ保育園舎へ移築された。この建物は、平成八年に保育園が全面改築のため取り壊されるまで活用された。

井伊直弼の顕彰　宗達らが彦根でキリスト教の布教に尽力した結果、信徒仲間とともに教会設立にいたった。しかし、江戸時代以来のキリスト教に対する警戒感・偏見も根強かった。明治三十年に彦根教会に赴任した森山虎之助牧師は回顧談で「当時の教会と社会の間には深い溝がある」と述べており、教会が孤立化し、一般社会とは断絶した状態になっていたことがわかる。

これに対する事業として、井伊直弼の没後四十年目にあたることからその顕彰式を開催する案が出され、明治三十二年三月、彦根教会で「井伊直弼公記念式」を開催した。キリスト教でも、仏教の法事のように故人を追悼する行事が執り行われている。十年目以降は十年ごとの区切りの年に行われることが多い。そこで、森山牧師と宗達が中心となって、直弼を追悼する記念式を開催しようと企画したのであった。

記念式の当日、午前中に教会で厳かな式典が執り行われ、午後には長光寺内の劇場で島田三郎による記念講演会が開催された。

島田三郎は旧幕臣出身の政治家・ジャーナリストであり、明治二十一年に『開国始末―井伊掃部頭直弼伝―』を刊行したことで知られる。この本は、直弼の側近宇津木景福が書き残した大老政治の記録「公用方秘録」や数百通におよぶ書状類に目を通して、直弼の事績を実証的に論じたものであり、直弼の再評価を試みた画期的な書物であった。当時、明治政府の中枢にいた薩長出身者らは直弼を「違勅の臣」などと評して大老政治を批判的にとらえていたが、『開国始末』で島田はそのような世間の直弼に対する評価が誤っているとしている。直弼を慕う彦根の人々たちは、島田は直弼の政治を正当に評価した人物として共感していたことであろう。彦根教会では、そのような島田を招いて直弼を顕彰する事業を開催したのであった。

記念式には主な彦根藩士族に案内状を出したところ、井伊家からも直弼の肖像画を携えて出席した。森山牧師の追憶談には、井伊家の「二名の代表者」が来臨したと記す。

島田の講演内容は直弼に関連した時事問題であった。講演会場は非常な感動を町民に与え、この事業を通じて教会と地域の相互理解が生まれたという。

直弼の顕彰は旧彦根藩士にとって重要な課題であり、宗達もそのことを十分に承知していたはずである。宗達は、自らが中核となって運営しているキリスト教会の活動の中で、直弼の顕彰を思いついたのであろう。宗達にとっても、中島家の養子に迎えられて藩医となったのは直弼のおかげであるという感謝の念をもっていたのではないだろうか。直弼が在郷の医師であった三浦北庵を藩医に登用しなければ、その弟子であった宗達が彦根城に召し出され、藩医らと交流する機会などなかったことであろう。藩医として登用され、藩からの意向で横浜へ留学して西洋医学を身につけることができた。その恩返しという思いがあったのではないだろうか。

各種学校の創設に関わる　宗達のもう一つの業績として、学校の設立がある。それも女学校、幼稚園、盲学校と、多様な学校設立に関わっている。

まず最初に関わったのが淡海女学校である。同校は武節貫治が主導したものである（→52頁）が、創立者として挙げられている十四名の中に宗達の名がある。武節はその回想録で、「オルガン購入は宗達が京都同志社の外国教師に頼んでくれて安価で買い入れることができた、宗達の骨折はこれだけでなく、始終尽力してくれ、大きに力を得たことは一日も忘れられない」と述べており、宗達は武節の女学校設立に賛同し、支援した人物であったことがわかる。

彦根で最初に設立された幼稚園は、明治二十三年、宗達が職人町の明性寺《みょうしょうじ》で開園したものである。

日本で幼稚園が本格的に設置されるようになったのは、明治十二年の教育令で幼稚園を位置づけて以降のことである。学校と同様、文部卿の監督内にあるものと定められて、その設置などについて規定された。明治十五年には、文部卿は簡易な幼稚園を新設することを奨励した。これを受けて、それまでは師範学校附属幼稚園など官立の園が多かったが、明治十年代後半になると各地に公立・私立の幼稚園が開設されるようになった。

宗達が明性寺に私立幼稚園を創設したのも、このような文部省の要請に応じたものということができるだろう。その後、明治二十九年には、宗達が出願した私立彦根幼稚園の設立が県から許可され、六月より四番町にて開園した。同園は幼児の身体の健全を保育し、天賦の知能を善導して尋常小学校就学の基礎を養成することを目的としていた。

県内初の盲学校の設立にも宗達が深く関わっている。彦根に盲学校を設立しようとしたのは初代校長となった山本清一郎である。甲賀町に生まれた山本は病気のため失明し、京都市立盲唖院で学んでいた。卒業後、同院で教鞭を執っていたところ、校長から滋賀県内で視覚障害者の教育機関をつくることを勧められ、彦根にやってきた。彦根では宗達や速水正伯らの助けを得て、明治四十一年に外馬場町に私立彦根訓盲院を設立した。視覚障害があった速水は鍼灸按摩業で生計を立てていた。宗達はその職業訓練に積極的に関わり、障害者が教育を受けて自活している姿に身近に接していた。宗達には医師、町会議員という側面もあり、これまでも学校設立に関与している。山本が頼るべき人物として宗達ほどふさわしい人物はいなかったことであろう。

多方面での功績　明治二十二年、町村制施行により彦根町が発足すると、選挙により町会議員が選出された。このとき宗達も立候補して見事当選している。この後三期にわたり彦根町会議員を務めた。

また、宗達は生命保険事業にも関与している。明治十五・六年頃、宗達は交援社という生命保険に類似した性格をもつ組織を運営していたことが確認できる。おもに彦根藩士族によって結成され、掛け金を集めて七十歳満期または死亡時に支払うというものである。その後、宗達はこれを生命保険会社に発展させようとして第百三十三国立銀行の弘世助三郎に協力を求めたところ、弘世は全国規模での生命保険会社設立を構想し、日本生命の創業へと発展したという(→150頁)。生命保険事業も欧米の制度を導入したものであり、宗達は横浜留学中に聞き及んでいた可能性が高い。弘世による日本生命創業の動機の一つに宗達の存在があったことを述べておきたい。

大正十四年(一九二五)、八十六歳でこの世を去るまで、医療・衛生、教育、宗教など多方面にわたり功績を残した。彦根教会で行われた葬儀には、井伊家、各界、教会員など約五〇〇人が参列したという。

コラム

女学校での直弼流茶道伝授　―宇津木翼

幕末の大老井伊直弼がみずから一派をたてた茶人でもあったことは、近年知られてきている。

直弼の茶の湯の特徴には、「一期一会《いちごいちえ》」の語に代表されるような精神性を重視する点がある。幼少期より禅に親しんでいた直弼は、茶の湯も仏道と同様、修行の一種ととらえた。直弼が学んだのは武家の茶である石州《せきしゅう》流であるが、茶の湯を大成した千利休、さらにそれ以前の古書にまでさかのぼって茶書を読み、幅広い知識をもとに直弼流茶道の思想とカリキュラムを打ち立て、側近ら弟子へと伝授した。

もう一つ、直弼の茶の湯には女性が多く登場するのも特徴の一つといえる。直弼が頻繁に開いた茶会には家族やそこに仕える奥女中二十数名が参加しており、直弼は女性たちに自らの流儀を伝授していたことがわかる。現代では女性が茶の湯を習うことに何の違和感もないが、江戸時代には茶の湯は男性の社会のものであった。実際には女性も嗜んでいたであろうが、記録上、ほとんど追うことができない。茶会での女性の所作などを記した茶書も非常に少なく、直弼が入手した多くの茶書では大口樵翁著の「刀自袂《とじたもと》」だけである。直弼はこれを参照して女性の所作・服装などを考え、その茶の湯の集大成ともいうべき著作「茶湯一会集《ちゃのゆいちえしゅう》」にそのことを盛り込んだ。

このように女性も対象としていた直弼流の茶の湯は、明治時代、その弟子によって女学校で広められていた。

教授していたのは宇津木翼《うつぎたすく》（一八二二～一八九八）という人物である。翼は彦根藩士宇津木治部右衛門家九代目泰交《やすかた》の四男として生まれた。父泰交は岡本黄石の長兄にあたる。

翼は直弼が若殿《わかとの》（藩主世継ぎ）となった頃からの側近で、直弼の大老在任時には公用人《こうようにん》という大老秘書官の役に就いた。次の直憲の時代には足軽大将、町奉行などを務め、廃藩直前には井伊家の家族に仕える家扶《かふ》であった。ほかの直弼側近らと同様、翼も直弼流の茶の湯を伝授され、宗志という号を授かっている。

宇津木翼
（彦根市立図書館提供）

淡海女学校を創設した武節貫治は、創設時の状況を回想した手記に創設当初の教員を列記しているが、その中に

茶道及漢学　宇津木翼

とある。ここで翼が教えた茶道とは直弼流の茶道であろう。女学校での茶湯指導はその後も断続的に続いていたようであり、彦根町立高等女学校時代にも教授している。同校の規則によると「点茶、挿花、図画、音楽、編物」は技芸専修科に置かれたが、希望者に対して正教科時間外に教授する科目とされていた。明治三十一年には一週間に四回、時間外に二

時間ほど、翼は女学校で教授していたという。
翼は女学校のほかでも茶の湯の稽古をしていた。自宅で教えていた弟子は六・七人おり、そのほか定期的に久徳村（多賀町）に一泊で出かけて十人ほどに教えていた。久徳村では岡本黄石の門弟でもある小菅《こすが》兎峰の別宅を稽古場にしていた。直弼流の茶の湯が確実に広まっていたことがわかる。

明治時代、女学校で茶道を教え、女性へ茶の湯を広めた功績者として、東京の跡見学校（現、跡見学園）を創設した跡見花蹊や京都・同志社の新島八重が知られている。宇津木翼もそれらと並ぶ女子への茶道教育者ということができよう。その背景には、男女を問わず受け入れた直弼流の茶の湯の精神を見いだすことができる。

高源寺（多賀町）に建つ「宗志翁之碑」

あとがき

明治時代の彦根藩士族について執筆の依頼を受けたのは、ちょうど一年前のことであった。二〇二三年六月に『家からみる江戸大名　井伊家―彦根藩―』（吉川弘文館）を公刊して間もない頃である。

長年、彦根藩井伊家の歴史を追究してきたとはいえ、対象としたのは主に江戸時代であり、明治時代の彦根関係者については、名前は知っていてもそれ以上の蓄積はなかった。そのため受けるかどうか一考した。

結局執筆することにした理由としては、まず、前著からの継続性がある。そこでは幕末期にも言及したが、内容の濃密な時期であり、できあがった後になって叙述を尽くせていなかったと感じるようになった。桜田事変による藩存続の危機を乗り越え、王政復古クーデター後にはいち早く新政府方への味方を表明して、彦根藩は幕末・維新期の混乱を乗り切ったが、誰のような判断によりそれをなし得たのか。彦根藩の独自性と社会への影響を考えるためには、避けられない課題であるため、それに取り組むにはいい機会と考えた。

また、近代化の歴史や近代化遺産は近年、関心が高い。博物館の現場からは離れたとはいえ、学芸員課程の授業で学生たちへ「資料・文化財から読み解いたものを市民に伝えるのが学芸員の仕事です」と述べており、それを実践する意味でも、要望があるのであればそれに応えるべきであろうと考えた次第である。

結果として、彦根の近代史に取り組むよい機会となり、テリトリーをひろげることにつながった。

ここで取り上げた人物には、自伝、評伝類、所属した組織の年史や個別研究など、豊富な蓄積がある。そのため、一から原史料にあたったのはわずかであり、多くはそれら先行研究に依っていることをお断りしておく。その中で、各人がその仕事をなし遂げた思いや個性に注目し、なぜ彼らが活躍できたのかという視点を取り入れてみた。

なお、西村捨三については、夫の井上幸治が学生時代に『平安神宮百年史』編纂事務局で補助員として従事して以来、捨三の事績に注目しており、折に触れて関係資料を収集していたため、今回、その成果の一部を用いて執筆してもらい、共著という形をとった。そのため、その章に限っては同時代の新聞など新出のエピソードが豊富に含まれていることを伝えておきたい。

本書はサンライズ出版の岩根治美さんから提案のあった企画によりできあがったものである。岩根さんには、ゆかりの地を巡ることができるようにと、地図の掲載も提案していただいた。ここに記して謝意を述べたい。地図に落としたポイントはあまり知られていない場所も多い。本書が彦根近代化ゆかりの遺産やそれを成し遂げた人々に注目する機会となれば幸いである。

二〇二四年六月

野田 浩子

幕末から明治の関連年表

和暦	西暦	事柄
寛政11	1799	彦根藩が藩校稽古館を創設（天保元年に弘道館と改称）
天保8	1837	2月大塩平八郎の乱
弘化4	1847	2月彦根藩が幕府から相模国の海岸警衛を拝命（相州警衛）
嘉永6	1853	6月ペリーが浦賀沖に来航
安政5	1858	4月井伊直弼が大老となる　6月日米修好通商条約締結
安政7 万延元	1860	3月井伊直弼暗殺される（桜田門外の変） 4月直憲が藩主を継ぐ
文久2	1862	7月文久の改革により一橋派が幕政の中枢に就く 8月岡本黄石が彦根藩の指導者となり長野義言らを処刑する 11月彦根藩は幕府から10万石減知の処罰を受ける
文久3	1863	1月彦根藩は尊王攘夷の方針に従うと表明
元治元	1864	7月禁門の変
慶応元	1865	5月第二次長州戦争、彦根藩は安芸国に出兵
慶応3	1867	10月大政奉還　12月王政復古クーデター
慶応4 明治元	1868	1月戊辰戦争　10月彦根藩兵は東京に凱旋 11月政府の「藩治職制」に基づき彦根藩の職制を改革する
明治2	1869	6月版籍奉還、井伊直憲は彦根藩知事となる
明治4	1871	7月廃藩置県により彦根藩は廃止され、井伊直憲は東京へ居を移す

明治5	1872	8月学制発布、藩校は廃止となる　10月井伊直憲が欧米へ洋行
明治9	1876	5月尾末町に招魂社創建　8月彦根学校開校
明治11	1878	6月彦根製糸場が平田村で操業開始
明治12	1879	4月第百三十三国立銀行創立　6月彦根基督教会設立
明治13	1880	9月相馬永胤らが東京に専修学校を設立
明治17	1884	6月弘世助三郎が滋賀県会議員となる　10月湖東線の敷設を請願
明治18	1885	7月増島六一郎らが東京に英吉利法律学校を設立
明治20	1887	5月私立淡海女学校が開校
明治22	1889	2月大日本帝国憲法発布　3月西村捨三大阪府知事就任 4月町村制施行により彦根町が誕生、武節貫治・中島宗達・弘世助三郎らが町会議員となる 7月弘世助三郎が発起人となった日本生命が創業
明治23	1890	7月第1回衆議院議員選挙で相馬永胤・大東義徹が当選、井伊直憲は貴族院議員となる　この年明性寺に彦根初の幼稚園が開園
明治27	1894	7月日清戦争はじまる
明治28	1895	4月平安遷都千百年紀年祭にあわせて彦根で連合事業を催す
明治30	1897	4月相馬永胤が横浜正金銀行頭取に就任
明治31	1898	6月大東義徹が司法大臣に就任（第一次大隈重信内閣） 6月近江鉄道彦根―愛知川間が開業
明治35	1902	1月井伊直憲死去、直忠が家督相続
明治42	1909	7月横浜に井伊直弼銅像が完成

主な参考文献

全体にかかわるもの

『彦根市史』下冊　彦根市、一九六四年
『新修彦根市史』第三巻　通史編　近代　彦根市、二〇〇九年
佐々木克編『幕末維新の彦根藩』　彦根市教育委員会、二〇〇一年
『彦根藩史料叢書　侍中由緒帳』　彦根城博物館、一九九四年〜

人物別（掲載順）

『漢詩人岡本黄石の生涯』第一章〜第三章　世田谷区立郷土資料館、二〇〇一年・二〇〇五年・二〇〇八年
「谷鉄臣履歴行状調査書」彦根市立図書館郷土資料第一集　歴史一〇三
『月刊太湖』三号・四号、一九二六年
友田昌宏「官海と詩社―晩香吟社を中心に―」『宇津木家書簡集』一　世田谷区立郷土資料館、二〇一〇年
松尾正人『維新政権』吉川弘文館、一九九五年
中島一仁「彦根藩士・鈴木貫一とキリスト教」『滋賀大学経済学部附属史料館研究紀要』五〇、二〇一七年
『滋賀県立彦根高等女学校五十年史』滋賀県立彦根高等女学校、一九三六年
『彦根西高百年史』滋賀県立彦根西高等学校創立百周年記念事業実行委員会、一九八七年
中川泉三編著「彦根市史稿」人物史　彦根市立図書館蔵
『彦根東高百二十年史』滋賀県立彦根東高等学校創立百二十周年記念事業実行委員会、一九九六年
西村捨三口述『御祭草紙』一八九〇年
顕谷泰三『西村捨三翁小伝』故西村捨三翁顕彰委員会、一九五七年
若松雅太郎『平安遷都千百年紀念祭協賛誌』一八九六年

『相馬永胤伝』専修大学出版局、一九八二年
瀬戸口龍一「明治期における井伊家と士族たち―「相馬永胤日記」から見る彦根藩士族たちの動向―」『専修大学史紀要』七、二〇一五年
井伊正弘『わが感懐を』一九九五年
三宅正浩「明治期井伊家の家政組織」『彦根城博物館研究紀要』二三、二〇一三年
『中央大学百年史』通史編　上巻　中央大学、二〇〇一年
菅原彬州監修『超然トシテ独歩セント欲ス　英吉利法律学校の挑戦』中央大学出版部、二〇一三年
『財団法人正求堂財団七五年記念誌』財団法人正求堂財団、二〇一〇年
『如水弘世助太郎翁』如水翁敬慕会、一九四〇年
高橋久一『明治前期地方金融機関の研究』新生社、一九六七年
『日本生命百年史』上巻　日本生命保険相互会社、一九九二年
小川功「大手保険会社のグランド・デザインを描いた近江人脈―日本生命「発起人中の発起人」弘世助三郎の着想の進展過程を中心に―」『滋賀大学経済学部附属史料館研究紀要』四六、二〇一三年
『彦根市文化財年報』平成二十二年度　彦根市教育委員会文化財部文化財課、二〇一一年
『彦根教会創立百年史』日本キリスト教団彦根教会、一九七九年
『彦根教会史年表「125年のあゆみ」』日本キリスト教団彦根教会、二〇〇五年
原豊『ヘボン塾につらなる人々―高橋是清から藤原義江まで―』明治学院サービス、二〇〇三年
荒井保男『ドクトル・シモンズ　横浜医学の源流を求めて』有隣社、二〇〇四年
熊倉功夫編『井伊直弼の茶の湯』国書刊行会、二〇〇七年
『宇津木家書簡集』二　世田谷区立郷土資料館、二〇一一年

■著者略歴

野田浩子（のだ・ひろこ）　執筆分担：はじめに・１～４，６～９，コラム

1970年、京都市生まれ。1995年、立命館大学大学院文学研究科博士課程前期課程修了。

同年より2017年３月まで、彦根城博物館学芸員。現在、立命館大学等非常勤講師。

主な著書『井伊直政　家康筆頭家臣への軌跡』（戎光祥出版、2017年）、『朝鮮通信使と彦根―記録に残る井伊家のおもてなし―』（サンライズ出版、2019年）、『家からみる江戸大名　井伊家―彦根藩―』（吉川弘文館、2023年）

井上幸治（いのうえ・こうじ）　執筆分担：５

1971年、京都市生まれ。2000年、立命館大学大学院文学研究科博士課程後期課程修了。博士（文学）。現在、佛教大学等非常勤講師、京都市歴史資料館館員（会計年度任用職員）。

主な編著書『古代中世の文書管理と官人』（八木書店、2016年）、『孝明天皇奉祀奉賛会誌』（平安神宮、2017年）、『平安貴族の仕事と昇進―どこまで昇進できるのか―』（吉川弘文館、2023年）

明治の旧彦根藩士たち―近代化に尽力した人物史―淡海《おうみ》文庫74

2024年７月13日　第１刷発行　　N.D.C.210

著　者　野田 浩子
　　　　井上 幸治

発行者　岩根　順子
発行所　サンライズ出版株式会社
〒522-0004 滋賀県彦根市鳥居本町655-1
電話 0749-22-0627　FAX 0749-23-7720
印刷・製本　シナノパブリッシングプレス

ISBN978-4-88325-824-6　Printed in Japan　定価はカバーに表示しています。

乱丁・落丁本はお取り替えいたします。

淡海文庫について

「近江」とは大和の都に近い大きな淡水の海という意味の「近（ちかつ）淡海」から転化したもので、その名称は「古事記」にみられます。今、私たちの住むこの土地の文化を語るとき、京都を意識した「近江」でなく、独自な「淡海」の文化を考えようとする機運があります。

これは、まさに滋賀の熱きメッセージを自分の言葉で内外へ伝えようとするものであると思います。

豊かな自然の中での生活、先人たちが築いてきた質の高い伝統や文化を、今の時代に生きるわたしたちの言葉で語り、新しい価値を生み出し、次の世代へ引き継いでいくことを目指し、感動を形に、そして、さらに新たな感動を創りだしていくことを目的として「淡海文庫」の刊行を企画しました。

自然の恵みに感謝し、築き上げられてきた歴史や伝統文化をみつめつつ、今日の湖国を考え、新しい明日の文化を創るための展開が生まれることを願って一冊一冊を丹念に編んでいきたいと思います。

一九九四年四月一日